JN438684

# 은발의 단상

최기춘 수필집

# 은발의 단상

인쇄 2018년 12월 1일
발행 2018년 12월 5일

지은이 최기춘
발행인 서정환
펴낸곳 수필과비평사
주소 전라북도 전주시 완산구 공북1길 16
전화 (063) 275-4000 (063) 252-5633
팩스 (063) 274-3131
이메일 essay321@hanmail.net sina321@hanmail.net
출판등록 제300-2013-133호
인쇄 · 제본 신아출판사



ISBN 979-11-5933-193-0 03810
값 13,000원

이 도서의 국립중앙도서관 출판예정도서목록(CIP)은 서지정보유통지원시스템 홈페이지(http://seoji.nl.go.kr)와 국가자료공동목록시스템(http://www.nl.go.kr/kolisnet)에서 이용하실 수 있습니다. (CIP제어번호: CIP2018038802)

Printed in KOREA

# 은발의 단상

최기춘 수필집

수필과비평사

# 두 번째 수필집 『은빛의 단상』을 내며

2012년 처녀 수필집 『머슴들에게 영혼을』을 내고 많은 사람들로부터 칭찬과 격려를 받았다. 그때 쑥스러운 생각도 들었지만 즐겁고 기쁜 일들이 더 많았다. 이젠 글을 읽고 쓰는 일이 평생 소일거리가 되었다. 정년퇴임 뒤 무엇을 할까, 고민하다가 수필 공부를 시작한 건 탁월한 선택이었다. 어린 시절부터 책 읽기를 좋아했었는데 나이 들어서도 책을 읽고 글을 쓰게 되어 항상 즐겁다. 『명심보감』 훈자편에 '지락막여독서至樂莫如讀書'란 구절이 생각난다. 책을 읽고 글쓰는 일은 상대가 없어도 될 뿐더러, 특별한 장소도 필요치 않아 혼자서도 어느 때나 시간 가는 줄 모르게 즐거우니 이보다 더 좋은 취미는 없을 것 같다. 글을 읽는 즐거움도 있지만 쓰는 즐거움도 크다. 글 한 편을 쓰고 나서 퇴고를 마치고 나면 큰 숙제를 끝낸 것 처럼 홀가분하다. 수필 공부를 처음 시작할 때 함께한 문우들과는 술을 마시며 건배를 할 때면 "수필아, 고맙다!"라고 건배사를 한다. 문우들도 모두 수필 공부하기를 잘했다며 즐거워한다.

글을 쓰다보면 매사를 곰곰 생각해야 할 일들이 많아 살아온 삶을 뒤돌아보며 스스로를 성찰하는 계기도 된다. 돌이켜 보면 어린 시절에는 6 · 25 전쟁의 후유증으로 가난하게 살았다. 나이 들어서는 가난의 대물림으로 가난을 극복하느라 치열하게 살아야 할 수밖에 없었다. 우리 또래들의 삶은 대부분 낭만적이고 아름다운 무늬를 그리며 살 수 있는 형편이 아니었다. 수필은 삶의 무늬가 자연스레 그려지는데 매사에 이렇게 변변치 못한 삶의 흔적을 또 한 번 드러낸다고 생각하니 부끄럽고 쑥스러운 생각이 들어 많이 망설였다. 하지만 기왕에 써놓은 글들이 묵힌다고 더 좋아지지 않을 것이기에 용기를 내어 두 번째 수필집 『은발의 단상』을 펴내기로 했다. 이 두 번째 수필집이 읽는 이들에게 즐거움을 주었으면 좋겠다.

수필가로 인도해주시고 끊임없이 글쓰기를 지도해 주신 김학 교수님과 표지 그림을 그려주신 계남 송기상 선생님과 제호를 흔쾌히 써주신 김태형 형, 이 책을 만들어주신 서정환 수필과비평사 사장님께 감사를 드린다. 수필을 한 편 한 편 쓸 때마다 첫 독자가 되어 퇴고를 도와준 아내와 수필집 발간비를 선뜻 선납해준 막냇동생에게도 고마운 마음을 전한다.

2018년 가을

전주시 덕진구 진북동 지석정사에서 최기춘

## | 차례



## 1부

## 2부

# 3부

# 4부

# 5부

## 6부



## 평설 | 안도(문학평론가)

# 1부

# 독서기가지본讀書起家之本

우리나라 사람들이 경제협력개발기구(OECD)에 가입한 나라 중에서 독서율이 가장 하위라는 보도가 믿기지 않았다. 각 나라의 독서율을 어떤 방법으로 산출하는지, 잘못된 통계라는 생각을 지울 수가 없다. 우리나라 사람들은 일찍이 학문을 숭상하고 글 읽기를 좋아했다. 옛 어른들은 '독서기가지본讀書起家之本' 즉 글을 읽는 것이 집안을 일으키는 근본이라고 했다. 집안에서 나는 듣기 좋은 소리로 '갓난아이 우는 소리, 자식들의 책 읽는 소리와 베 짜는 소리', 이 세 가지를 삼길성三吉聲이라고 했다. 그래서 청소년이나 젊은이들은 글을 열심히 읽는 게 효도하는 길이라 생각하고 책을 많이 읽었다. 옛 어른들은 의관을 정제하고 몸과 마음을 바르게 하고 책을 읽었다. 독서를 할 때도 대부분 소리를 내어 읽었다. 소리도 그냥 내지 않고 운율에 맞추어 낭랑하고 구성지게 읽었다. 어린 시절 어른들의 책 읽는 소리와 시조 하는 소리를 구분하지 못했다. 책 읽는 소리가 시조하는 소리와 비슷했다. '일일불독서구중생형극一日不讀書口中生荊棘', 즉 하루라도 글을 읽지 않으면 입안에 가시가 돋는다고 안중근 의사는 휘호를 남겨 독서를 권장하기도 했다. 다산茶山 선생이 유배지에서 아들들에게 보낸 편지를 보면 구구절절 책을 읽으라 한다. 독서의 중요함을 이보다 더 절실하게 표현한 글은 보기 드물다.

나는 책읽기를 좋아했다. 초등학교를 졸업하고 집에서 농사일을 거들 때, 『삼국지』를 읽다가 날이 밝아오는데 걱정이었다. 모내기를 하는 날이어서 할 일은 많은데 책읽기를 중단하기가 싫었다. 신발을 감추고 책과 양초를 들고 벽장 속으로 들어가 아침밥은 물론 점심도 굶고 책을 읽었다. 해 질 녘에야 밖으로 나와 부모님께 크게 꾸중을 들은 적도 있었다. 주변 사람들에게도 책 읽기를 권장한다. 직장생활을 할 땐 명절이나 외국여행을 다녀오면 같이 근무하는 동료직원들에게 책을 선물했다. 동료직원들이나 친구들의 자녀 결혼 주례를 할 때면 항상 주례사 말미에 책 읽기를 당부한다. 신혼부부에게 매월 서로에게 좋은 책을 선물하고 바꿔 읽으라고 한다. 그리하면 부부간에 대화의 소재가 많아 의사소통이 잘되어 금슬이 좋아진다. 부모님이 매월 좋은 책을 선물하고 읽는 모습을 보고 자란 아이들은 독서는 물론 공부도 잘하여 행복한 가정을 이룰 것이다.

요즘엔 직장인들도 책을 많이 읽는다. 내가 근무했던 임실군청 공무원들은 '다독다독'이라는 독서동아리를 만들어 매주 한 권씩 책을 읽고 토론회를 갖고 그 내용을 책으로 발간하기도 한다. 나이 드신 분들도 책을 많이 읽는다. 정년퇴임 뒤 각 대학의 평생교육원과 사설 교육원 또는 도서관을 찾아 책을 읽기도 하고, 글쓰기 공부를 하는 사람들도 많다. 제사를 지낼 때면 지방에 특별한 벼슬을 하지 않은 사람은 '현고학생부군신위'라 쓴다. 살아서는 물론 죽은 뒤에도 배우는 학생으로 남고 싶었던 염원의 표출이 아닌가 하는 생각이 든다. 이렇듯 우리는 책 읽고 공부하기를 좋아하는 민족이다.

나는 우리가 일제 식민지에서 벗어나, 6 · 25 전란을 겪고도 짧은 기간에 눈부신 경제 발전을 이룩한 힘은 국민의 강한 지식 탐구욕에서 비롯되었다고 생각한다. '아는 것이 힘이다. 배워야 산다.' 는 표어를 내걸고 공부에 힘써온 국민이다. 전답을 팔아서라도 자식 교육에 매진했다. 그런데 경제협력개발기구 회원국 중 독서율이 최하위라는 불명예를 받았다니 창피한 일이다. 독서를 게을리한 민족은 장래가 밝지 않다. 정부관계 부서에서는 독서량 산출을 어떻게 하는지 꼼꼼히 살펴보고, 불명예를 벗어나기 위한 시책들을 마련해야 할 것이며, 우리 스스로가 독서를 많이 했으면 좋겠다.

(2015. 6. 4.)

# 우리 개는 안 물어요

우리나라는 개 이야기만 나오면 무 뽑다가 들킨 사람마냥 어마지두 놀란 모습이다. 언론과 동물보호단체, 반려견을 키우는 사람들의 목소리를 너무 의식하는데 곰곰 생각해 볼 문제다.

개를 기르는 사람들이 애완견이니 반려견이니 하면서 개를 과하게 대우해서 비롯된 폐단이 크다. 개를 키우는 사람들이 개가 사랑스럽고 귀엽다고 개를 사람처럼 대접하려는 데서 발생된 문제가 한둘이 아니다. 사람도 과하게 보호하면서 키우면 문제아가 되기 쉬운 법이다. 개를 키우는 가정에서 개의 순위가 남편이나 시아버지보다 빠르다는 이야기는 오래전 유행했던 말이다. 인권이 개권에 밀리는 듯하여 씁쓸할 때가 많다. 개를 임금님처럼 대우하면 개가 미치는 법이다. 개사슴록 변에 임금 왕 자를 쓰면 미칠 광狂자가 되는 걸 보면 우리 선조들은 일찍부터 이런 이치를 깨달았던 모양이다.

요즘 반려견이 사람을 무는 사고가 잇따르면서 개를 키우지 않는 사람들은 불안해 한다. 반려견을 키우는 사람들은 대수롭지 않게 생각하지만, 심각한 사회 문제가 아닐 수 없다. 단독주택에서 개를 키워도 이웃 주민들에게는 불편한 일이다. 아파트에서 개를 키우면서도 이웃에게 미안한 마음이 없는 것 같다. 개를 좋아하고 사랑하는 사람들은 아파트의 어린이 놀이터나 주변을 산책하면서 애완견에 목줄도 채우지 않는 경우가 많다. 개를 데리고 산책하는 사람들 중에 분변 처리를 위한 봉투를 들고 다니는 사람은 한 사람도 본 적이 없다. 개를 좋아하는 사람들은 어린이 놀이터나 산책길을 개들이 자유로이 뛰노는 것을 이해하겠지만 개를 좋아하지 않는 사람들은 많은 스트레스를 받는다.

지난여름 산책길에서 황당한 일을 당했다. 아내와 함께 산책을 하는데 앞에서 젊은 여성이 큰 개 두 마리를 목줄을 느슨하게 매어 끌고 왔다. 아내와 나는 얼른 풀밭 언덕으로 올라서 불안하게 서 있었다. 젊은 여성은 미안한 기색도 없이 "우리 개는 안 물어요." 하기에 이렇게 좁은 산책길에 큰 개를 데리고 다니면 다른 사람은 불안하다고 했더니, 젊은 여성은 오히려 이 길은 개가 다닐 수 없는 길이냐며 큰소리를 쳤다. 어안이 벙벙하여 가만히 서 있는데 더욱 가관인 건 개 두 마리가 나를 노려보며 으르렁거렸다. 너무도 놀라서 개 주인에게 빨리 개를 달래서 데리고 가라고 했다. 하지만 산책길에서 돌아오는 내내 기분이 찜찜했다.

개가 사람을 물었다고 사람이 개를 물 수는 없는 노릇이 아닌가. 개와 사람이 싸우면 개 같은 놈이라고 한단다. 싸워서 이기면 개보다 더한 놈이라 하고, 개한테 지면 개만도 못한 놈이라 한다니, 개를 키우는 사람이나 개를 상대로 싸울 수는 없는 일이다. 개를 키우는 사람과 키우지 않는 주민들 사이의 갈등이 커지고 있다. 반려견을 키우는 사람들은 우려할 필요가 없다고 하지만 반려견에 물릴까 겁난다는 사람들이 많다. '우리 개는 순해요.' '우리 개는 안 물어요.' 개를 키우는 사람들이 무책임하게 하는 말이다. 개가 순하다는 말이나 안 문다고 하는 말은 황당한 거짓말이다. 개는 경우에 따라서는 평생 키운 주인도 물지 않던가?

반려견이 사람을 무는 사고가 해마다 증가하고 있다. 반려견이 사람을 물어 사망케 하는 사고도 빈번하다. 사람을 물거나 숨지게 한 개는 물론 주인도 엄중하게 처벌해야 한다. 개를 안전대책 없이 동반하고 다니다 사람을 물어 다치거나 숨지게 한 행위는 미필적 고의에 의한 행위로 처벌해야 마땅하다. 현재의 동물보호법이나 시행규칙은 미흡한 점이 많다. 나의 즐거움이나 행복이 다른 사람을 불안하게 하거나 불편을 주어서는 안 된다. 다른 사람들을 불안하게 하며 나의 즐거움을 향수하기 위해서는 그만한 대가를 치러야 한다. 이참에 정부가 폭 넓게 의견을 수렴하여 개에 대한 근본적인 대책을 마련했으면 좋겠다.

(2017. 10. 23.)

# 불효자식 방지법

농촌에서 함께 살던 아내가 세상을 뜨자 홀로 남은 노인이 아들 내외의 권유로 전 재산을 처분한 뒤 서울 아들 내외와 함께 살다가 무단가출을 하면서 아들에게 남긴 편지가 화제다. '3번아, 잘 있어라. 6번은 간다.' 편지 내용을 보면 1번은 며느리, 2번은 손녀딸, 3번은 아들, 4번은 강아지, 5번은 가정부, 6번이 시아버지라고 한다.

사람은 늙으면 남녀 모두 힘이 빠지고 외롭고 쓸쓸하지만 특히 남자들은 늙으면 설 자리가 없다. 남녀가 늙어서 필요한 게 무엇이냐고 물으면 남자들은 첫째 아내, 둘째 마누라, 셋째 집사람. 넷째 애들엄마, 다섯째 와이프라고 한다. 반면 여자들은 첫째 돈, 둘째 딸, 셋째 건강, 넷째 강아지, 다섯째 친구란다. 늙은 남편들은 아내가 없으면 안 된다고 생각하는데 아내들은 남편은 안중에도 없다.

옛날에는 아들딸 잘 키워 성혼시키면 부모의 역할은 다 한 것으로 여겼다. 종합연금보험에 가입한 것보다 더 확실하게 노후가 보장되었다. 그런데 요즘은 사회 분위기가 많이 달라졌다. 아들딸 애지중지 키워서 공부시키고 결혼시켜 남은 재산 상속까지 해 줘도 자식들이 부모봉양을 생각하지 않는다고 한다. 잘사는 자식들은 있으나 거들떠보지도 않는다. 그런데 절대적으로 가난해도 자식이 있다는 이유로 기초생활수급대상자로 지정받지 못해 힘들게 사는 노인들이 많다.

재산 상속에 대한 풍자적인 얘기가 있다. 자식에게 재산을 조금 주면 푸대접 받고, 다 주면 굶어 죽고, 안 주면 맞아 죽는다고 한다. 웃으려고 지어낸 이야기지만 요즘 세태를 날카롭게 풍자한 것 같다.

요즘 노인세대들이 한창 일할 때는 노후 준비란 생각도 하지 않았고 생각할 여유도 없었다. 대부분 자수성가하여 자녀들의 학비와 내 집을 마련하기에도 힘겨웠다. 변화의 소용돌이를 헤쳐나기에도 바빴다. 지금 노인세대들의 삶은 엄청난 변화의 연속이었다. 처음 직장 생활할 때는 밤이면 남포등 켜고 근무했다. 전자계산기는 구경도 해 본 적이 없고, 모든 계산은 주산으로 했다. 문서를 2부 이상 작성할 때면 먹지를 대고 꾹꾹 눌러 쓰거나 철판에 원지를 대고 철필로 써 등사판에 밀어서 인쇄했다. 전등을 켜고 전자계산기, 복사기, 컴퓨터가 도입되면서 편리해진 만큼 변화에 대응하느라 스트레스도 많이 받았다. 변화의 물결에 능동적으로 대응하지 못한 사람들은 구조조정의 늪에 빠져 조기퇴직을 당하기도 했다.

직장에서 밀리지 않으려고 최선을 다하다 보니 가정에 소홀히 한 것 같지만 직장에서 최선을 다하는 것이 가족들을 위함이었음을 가족들은 잘 모르는 것 같다. 그래서 정년퇴임 뒤 힘이 쏙 빠져 가정으로 돌아온 가장을 가족들이 2식이니 3식이니 하며 홀대하는 경향이 많다. 평생직장에서 가족을 위해 이 눈치 저 눈치 다 보며 하고 싶은 말도 제대로 못해 보고 살아온 인생이다. 가정으로 돌아온 가장을 가족들이 따뜻하게 맞아 줘도 마음이 허전할 터인데 가족들이 마음을 몰라주면 정말 마음의 상처가 클 것이다. 노인들의 자살률이 어째서 높은지 생각해 볼 일이다.

최근 새정치민주연합이 불효자식 방지법 제정을 추진하기로 했다는 보도를 보면서 늦은 감은 있으나 잘한 일이라는 생각이 들었지만, 한편으로는 씁쓸하기도 했다. 부모를 홀대하는 자식들이 얼마나 많으면 불효자식 방지법을 제정해야 할까? 다른 나라에서는 우리나라를 동방예의지국東方禮儀之國이라 한다는데 참으로 민망스럽기 짝이 없다. 불효자식방지법 제정과 아울러 효사랑 운동을 범국민적으로 벌여 동방예의지국이란 명성을 한류열풍으로 승화 시켰으면 좋겠다.

(2015. 9. 9.)

# 닭들의 비명 소리

닭울음은 새벽을 알리는 반가운 소리다. 정유년은 닭의 해다. 닭의 해에 닭들의 경쾌한 울음소리를 들으며 새해를 맞이하면 좋으련만 닭들의 처절한 비명 소리를 들으며 새해를 맞으려니 씁쓸하다. AI(고병원성조류인플루엔자)가 전국적으로 확산되어 삼천만 마리가 넘는 닭들이 살처분되었다. 가슴 아픈 일이다. 닭은 상서로운 가축이다. 가축 중에서도 닭은 인간들과 오랜 세월 함께 살아 왔다. 동지섣달 기나긴 밤 시간 분별이 어려울 때는 닭울음소리가 유일한 시계 역할을 했다. 닭울음소리는 글공부를 하는 사람들에게는 기상나팔 역할을 하기도 하고, 제사를 끝낼 시간을 알리는 신호였다. 닭이 울면 귀신들도 제자리로 돌아가기 때문이다. 12간지 중 유일한 조류이기도 하다.

옛날 어른들은, 닭은 다섯 가지 덕을 갖추었다고 칭송했다. 머리의 벼슬은 '文'을 상징하며, '武 · 勇'을 갖추어 적을 보면 발톱과 부리로 용맹스럽게 공격하며, '仁'을 지녀서 먹을 것을 보면 꼬꼬하며 서로 부르고, '信'이 있어서 때를 맞춰 우니 이른바 닭의 오덕五德이다. 옛날 농촌에서는 집집마다 닭을 키웠다. 농가 소득에 도움을 주기도 했지만, 대량으로 닭을 키우는 농가는 별로 없었다. 서민들에게는 가장 손쉬운 단백질 공급원이었다. 귀한 손님이 오거나, 명절, 가족들의 생일, 또는 제사 때면 닭을 잡았다. 계란은 반찬을 해 먹기도 하고, 우리가 초등학교에 다니던 시절에는 학용품을 살 때면 계란 두어 개 가지고 상점에 가서 학용품과 맞바꾸었다. 이렇듯 닭은 여러 가지로 우리의 삶과 밀접했다. 요즘엔 닭을 일반 농가에서는 별로 기르지 않는다. 전문 양계농가가 대형 양계장에서 주로 기른다. 양계가 농촌 경제에 차지한 비중도 상당하다. 옛날에도 가끔 전염병으로 수난을 당했지만 요즘처럼 심각하진 않았다. 대형 양계장에서 기르면서부터 조류인푸루엔자(AI)로 닭들과 양계농가가 큰 수난을 겪고 있다. 해마다 수천만 마리의 닭들을 살처분한다. 작년 가을부터 현재까지 살처분한 닭은 3,000만 마리가 넘는다고 한다. 말이 살 처분이지 처참하기 짝이 없는 일이다. 살아있는 닭을 대형 비닐 포대에 넣어 땅에 묻는다. 살처분을 당하는 닭들의 처지를 곰곰 생각하면 코끝이 찡하다. 우리같이 오가며 보기만 해도 이러한데 직접 기르는 농가들의 심적 고통은 이만저만이 아니라 한다. 이웃 양계장에서 AI 의심신고가 되면 정성들여 키워 아침까지 모이 잘 먹고 알 잘 낳는 닭들을 땅에 묻어야 한다. 농부들이 농사를 짓거나 가축을 기르는 마음은 부모가 아들딸을 키우는 심정이나 마찬가지다. 온갖 정성을 다하여 기르던 닭들을 땅에 묻은 농민들은 돈으로 보상받는 것만으로는 심신을 달랠 수 없어 괴로워한다. 살 처분에 참여한 농가나 공무원들은 오랜 기간 밤잠을 못 자고 음식도 못 먹으며 악몽에 시달린다.

이런 일들이 해마다 반복되고 있으니 얼마나 안타까운 일인가? AI가 발병되면 제일 고생을 많이 하는 사람들은 지방자치단체 공무원들이다. 주요 거점에 방역 검문소를 설치하고, 농가들과 오가는 차량마다 24시간 방역을 해야 한다. 지역 내에서 발병하면 해당 농가는 물론 이웃 농가들까지 설득하여 살처분도 해야 하고 때론 농가들의 원망도 몸소 감당하며 곤욕을 치른다. AI 발생 예방과 차단은 지방자치단체 공무원들과 양계농가 힘만으로는 한계가 있다. 범정부적인 차원에서 중앙정부의 근본적인 대책이 마련되어야 한다. 예방과 조기차단을 위한 체제를 갖추어야 한다. 전문 인력을 확보하고, 비상 대응체제도 재정비해야 할 것이다. 어느 지역에서든 발생하면 곧바로 중앙정부에서 범정부적으로 신속하게 대응하여 확산을 막아야 한다.

농가에서도 사육환경을 개선해야 한다. 사육비를 절감하여 싼값에 공급하는 것도 중요하다. 하지만 친환경적으로 사육환경을 바꿔야 한다. 친환경적으로 사육하면 생산원가가 올라갈 테지만 이제는 소비자들도 친환경적으로 키운 가치를 인정하려니 싶다. AI 예방과 조기 차단을 위해 양계농가와 정부, 지방자치단체, 소비자, 모두가 힘을 모아야 할 때다. 하루 빨리 AI발생을 차단하고 살처분 당한 닭들의 원혼을 달래는 진혼제라도 지내주었으면 좋겠다.

(2017. 1. 16.)

# 쥐뿔도 몰라서야

어린 시절 우리 동네에 상당히 유식하고 큰소리를 잘 치는 노인이 살았다. 그 어른은 다른 사람들과 이야기를 하다가 상대방이 이치에 맞지 않은 말을 하면 쥐뿔도 모르는 놈이라고 큰소리를 치셨다. 그러면 다른 사람들이 그 어른에게 별다른 항변을 못하고 쩔쩔매는 모습을 자주 봤다. 나는 퍽 궁금했다. 저 어른은 뿔 달린 쥐를 봤을까? 만약 뿔 달린 쥐가 있다면 토끼를 키우는 것보다 뿔 달린 쥐를 키우면 더 귀여울 것 같았다. 그 어른은 아버지보다 연세는 많았으나 아버지와 다정하게 지내시고 나도 귀여워하셨다. 어느 날 나는 그 어른에게 조심스레 "어르신은 뿔 달린 쥐를 보신 적이 있으신가요?" 하고 여쭈어봤다. 그 어른은 "요런 맹랑한 놈이 있는가." 하시며 너는 뿔난 쥐를 보았느냐고 되물었다. 나는 못 봤다고 대답했다. 그랬더니 그 어른도 뿔 달린 쥐를 본 적이 없다고 하셨다. 그리고는 쥐뿔도 모르는 사람이란 말은 제 근본根本도 모르는 사람이란 말이라고 자상하게 가르쳐주셨다.

우리는 어린 시절 말을 배우고 나면 어른들이 네 성姓이 무엇이냐고 물었다. 그러면 전주 최가 31세손입니다 대답했던 기억이 생생하다. 이렇듯 우리 선조들은 사람으로서 알아야 할 기본교육을 잘 시켰다. 요즘 가정에서는 정작 중요한 부분에 대한 교육을 소홀히 하여 아쉽다. 가정에서는 학교에서 가르치지 않은 교육을 생활 속에서 해야 한다. 조상들과 나와의 관계, 계촌법, 웃어른에 대한 예절, 인간의 존엄성을 잘 가르쳐야 한다. 가정이 핵가족화 되고 잘못된 외래문화를 무분별하게 받아들여 웃지 못할 일들이 많이 벌어지고 있어 걱정이다.

요즘 애완견을 기르는 가정이 늘고 있다. 개는 사랑스럽기도 하지만 충직하기도 하다. 우리 고장 오수의 개는 오륜을 안다고 할 만큼 유명하다. 기르는 애완견이 아무리 귀엽다고는 하지만 개와 사람과의 관계를 너무 가깝게 하여 부르는 모습을 보면 저절로 눈살이 찌푸려진다. 개에게 가족들을 엄마, 아빠, 오빠, 누이 하며 대화하는 모습을 보노라면 어안이 벙벙해진다. 일부 방송사에서의 동물관련 프로그램은 보기 민망할 때가 많다. 개가 아무리 귀엽고 예뻐도 개를 인간과 동일시해서는 안 된다. 개를 임금님처럼 대접하면 개가 미친다. 그래서 개사슴록 변에 임금 왕 자를 쓰면 미칠 광狂자가 되는 것이다. 풀을 먹는 소에게 육류사료를 먹이니 소들이 광우병狂牛

病에 걸린 것이다. 모든 일에는 순리가 있는 법이다. 순리를 거스르면 큰 환란을 자초하게 된다.

우리는 2008년 봄 광우병 소고기 수입문제로 온 나라가 큰 환란을 겪은 적이 있다. 대통령과 장관들은 밤잠을 못 이뤘다. 성난 시위대의 청와대 진입을 막기 위해 명박산성明博山城까지 쌓는 진풍경이 벌어지기도 했었다. 광견병狂犬病이나 광우병狂牛病은 인수공통병이다. 아무리 예방활동을 철저하게 해도 언제 광견병이 발생할지 모른다. 인수공통병으로 우리 인류에게 큰 재앙을 가져 올 수도 있을 것이다. 끔찍한 일이다. 우리 모두 심사숙고해야 할 문제가 아닌가. 쥐뿔을 모르니까 애완견과 인간과의 관계를 혼동한 게 아닐까? 쥐뿔도 몰라서야 되겠는가. 돌아오는 가정의 달 5월에는 가정마다 족보를 펴놓고 뿌리교육을 하면 좋을 것 같다.

(2013. 4. 4.)

# 어머니의 거짓말

어린 시절 어머니가 한 말이 철들어 생각해 보니 거짓말인 줄 알면서도 머리에서 지워지질 않는다. 우리 집은 부엌 바로 옆에 바가지로 퍼 쓰는 우물이 있어 물을 별로 귀하게 여길 필요가 없었다. 그런데도 어머니는 물을 귀하게 여기고 물 한 방울이라도 허투루 버리지 않았다. 쌀 씻은 뜨물이나 먹다 남은 국물, 설거지한 물도 부엌 옆의 구정물통에 모아 윗물은 두엄자리에 버리고 가라앉은 물은 쌀겨를 섞어 돼지 먹이로 주었다. 그리곤 물을 헤프게 쓰면 죽어 저승에 가면 벌을 받는다고 하셨다.

세수를 하거나 발을 씻을 때 또는 머리를 감을 때 물을 많이 쓰면 많이 쓴 만큼 저승에 가면 마시라고 한다고 하셨다. 어린 시절에 어머니가 하신 말씀을 듣고 나는 항상 세수를 하거나 발을 씻고 머리를 감으며 걱정을 많이 했다. 발을 씻다가 물이 너무 많으면 저승에 가서 발 씻던 물을 먹으라고 하면 더러워서 어쩔까 걱정했다. 어린 시절 어머니가 하신 거짓말에 속아 항상 물을 아껴 써야 한다는 생각을 저버린 적이 없었다. 다른 사람이 물을 헤프게 써도 걱정이 되었다. 그래서 지금도 공중목욕탕엘 가서 옆 사람이 틀어놓은 수돗물도 습관처럼 잠근다.

물은 모든 생명의 원천이다. 모든 생물은 물이 없으면 살 수 없다. 농사를 짓던 옛 어른들은 가뭄으로 타들어가던 논에 물들어가는 소리를 아기의 젖 먹는 소리와 함께 정말 듣기 좋은 소리라 했다. 이렇듯 물이 흐르는 소리는 정겨운 소리다. 교통수단이 발달하기 전 걸어서 다니던 시절에는 고개를 넘다 보면 고개 중턱이나 끝자락엔 옹달샘이 있었다. 고개를 넘다 목이 마르면 그 옹달샘에서 손으로 움켜쥐어 마시거나 샘에 엎드려 마셨다. 그 물은 꿀맛이었다. 옹달샘은 관리하는 사람이 없어도 항상 깨끗했다. 사람들이 물을 오염시키지 않았다. 농사철이면 논밭에서 일하다가 목이 마르면 근처 하천이나 개울물을 퍼 마셨다. 그래도 별 탈이 없었다.

봉이 김선달이 대동강 물을 팔아 돈을 번 이야기가 있는 걸 보면 옛 어른들도 언젠가는 물을 사고파는 날이 올 것을 예상했다는 생각이 든다. 그래도 물을 사먹는다는 생각은 해 본 적이 없었다. 요즘 가끔 물을 사 마실 때면 옛날 TV연속극 한 장면이 떠오른다. 1970년대 중반 KBS에서 방송한 〈팔도강산〉이란 연속극이 있었다. 김희갑, 황정순, 민지환, 한혜숙 가족이 유럽여행 중 프랑스에서였다.

민지환과 한혜숙이 물을 사왔다는 이야기를 듣는 순간, 김희갑 어르신이 세상에 물을 돈 주고 사먹는 나라도 있느냐고 주변 사람들이 깜짝 놀라게 호통 치는 모습이 있었다. 그때 TV를 보면서 물을 사먹는 나라도 있다는 사실을 처음 알았다.

우리나라에서 물을 사먹는 날이 올 줄은 미처 몰랐다. 그런데 우리도 물을 사먹는 나라가 된 지 오래다. 지금은 우리나라도 물값이 금값이다. 물 값과 기름 값이 비슷한 수준이다. 이제는 물을 돈처럼 아껴야 하는 세상이다. 물은 사서 마셔도 물이 부족하리란 생각은 하지 않았다. 그런데 UN이 우리나라를 물 부족 국가로 지정했다고 한다. 실감이 나질 않지만 물 한 방울이라도 아끼고 맑은 물이 유지되도록 해야 한다는 생각이 든다. 물을 오염시키는 행위를 해서는 안 될 것이다. 물을 오염시키는 행위는 생명의 젖줄을 오염시키는 일과 같지 않겠는가?

엘니뇨 현상으로 기상이변이 심하다. 때로는 고온 건조한 상태가 지속되면서 비가 내리지 않아 가뭄이 계속될 때가 많다. 걱정이다. 가뭄으로 인한 물 부족 현상이 얼마나 무서운가를 당해보지 않은 사람들은 잘 모른다. 지금 나라가 발전하여 수리시설이 잘 갖추어져 있으니 다행이다. 1970년대쯤에는 날이 가물면 온 국민이 걱정했다. 모내기철에 가뭄이 들면 들샘을 파고 양수기로 양수작업을 하여 모를 심었다. 높은 곳에 있는 논에는 2단~3단 양수작업을 하기도 했다. 높은 산에 올라가 기우제도 지냈다.

논밭의 작물이 타들어 가는 모습을 바라보는 농민들의 심정은 배고파 보채는 아기에게 젖을 먹이지 못하는 부모의 심정과 같다. 그래서 가뭄이 들면 민심이 흉흉해진다. 그러니 이처럼 비가 내리지 않고 가뭄이 지속된다면 어떻게 될까? 지금은 농업용수뿐만 아니다. 마시는 물과 공업용수도 걱정이다. 물에 대한 소중함은 누구나 잘 안다. 하지만 소중함과는 다르게 물을 아끼지 않고 낭비하는 사람들이 많다. 어머니가 하신 거짓말이 좋은 교훈이 되었다는 생각이 든다. 저승에 가서 벌 받지 않으려면 항상 물을 아껴 써야 함을 명심해야 한다.

(2015. 10. 21.)

# 네 성이 뭐냐?

우리는 태어나서 말을 배우기 시작하면 제일 먼저 "네 성이 뭐냐? 이름은? 아버지 이름은? 어머니 성씨는?" 하고 물으면 대답하는 것부터 배웠다. 옛 어른들은 교육을 시키면서 조상의 뿌리부터 가르쳤다. 어느 정도 말을 알아들으면 밥상머리에서 올바른 가치관과 좋은 인성을 기르려고 많은 노력을 기울였다. 아이들에게는 밥 먹을 때 이야기를 하면 가난하게 산다고 말문을 막았다. 하지만 어른들은 우리에게 말씀을 많이 하셨다. 밥 먹을 때는 어른이 수저를 들기 전에 먹으면 안 되고, 어른보다 먼저 수저를 놓아서도 안 된다. 모르는 사람이라도 어른을 보면 항상 인사를 잘해야 한다. 친구들과 싸우면 안 되고 만약 어쩔 수 없이 싸우게 되면 지는 게 이기는 것이다. 이렇듯 사람의 올바른 인성을 길러주셨다.

요즘은 가정에서 아이들에게 무엇을 먼저 가르치는지 순서가 없는 것 같다. 태어나기도 전부터 영어교육이 중요하다고, 임산부들이 영어학원에 가서 태아에게 영어를 들려준다는 말을 듣고 말문이 막혔다. 교육에는 왕도가 없다고 한다. 그러나 가장 기본이 되는 것은 가정에서 인성교육을 잘해야 한다. 태아에게 영어를 들려준다고 태어나는 어린애가 영어를 잘할지는 의문이다. 임산부가 영어를 잘하고 좋아하면 다행이지만 임산부가 영어를 잘 모르는데 영어를 들으려면 얼마나 고생스럽겠는가? 아마 임산부는 물론 뱃속의 태아도 스트레스를 많이 받을 성싶다. 태아에게 영어를 가르치는 것보다 좋은 음악이나 인성 교육에 도움이 되는 고전을 들려주는 것이 좋을 것이다.

가정에서는 밥상머리교육이 중요하다. 공부는 학교에 가서 배워도 늦지 않지만 기본적인 인성교육은 가정에서 어린 시절에 배우지 않으면 배울 곳이 없을 뿐더러 바로잡기도 어렵다. 세 살 버릇 여든까지 간다고 한다. 가정이 아니면 가르칠 수 없는 덕목이 많다. 밥상머리에서 밥 먹을 때면 농사를 짓는 사람들의 수고로움과, 밥을 해주는 부모님의 고마움을 알도록 해야 한다. 밥 먹는 예절도 바르게 가르쳐야 한다. 학교에 갈 시간이 좀 늦는 경우가 생겨도 어른이 수저를 들었는지를 먼저 살피도록 가르쳐야 한다. 바쁘고 시간이 없다는 핑계로 어서 먹고 가라고 서두르기만 할 일이 아니다. 사소한 것에서부터 어른을 공경하는 습관이 길러지도록 가르쳐야 한다.

공공장소에서의 예절도 잘 가르쳐야 한다. 간혹 외식을 할 때면 눈살이 찌푸려지고, 가슴이 답답할 때가 있다. 넓은 식당에서 젊은 부부들이 가족들과 함께 식사를 하러 와 어린애들이 뛰어다니고 소란을 피우며 장난을 쳐도 방관하는 모습을 볼 때다. 주변에서도 누가 감히 나서서 말하는 이가 없다. 젊은 엄마들이 애 기죽는다고 싫어하기 때문이다. 젊은 엄마들이 아이들에게 겸손의 미덕이 중요함을 가르칠 줄 모르는 것 같다. 이렇듯 가정에서 기본적인 인성교육을 소홀히 하여 학교에 보내면 선생님을 존경할 줄 모르고 친구들의 소중함도 모르는 학생이 되기 마련이다. 학교에서 제 멋대로 행동하다 잘못을 저질러 선생님이 꾸짖으면 제 잘못을 모르니, 억울해하고 선생님께 반항하고 원망하며 집으로 돌아간다고 한다. 학교에서 꾸지람을 듣고 집에 돌아오면, 집에서 가족들이 잘 타이르고 달래기는커녕, 가족들이 떼로 학교를 찾아가 행패를 부리는 사람들이 있다니, 기가 막힐 노릇이다. 그러려면 무엇을 가르치라고 학교에 보냈는지?

우리는 어린 시절 학교에서 꾸지람을 듣거나 매를 맞아도, 부모님이 아실까 봐 전전긍긍했었다. 부모님이 아시면 집안 망신시켰다고 더 크게 꾸중을 듣기 때문이다. 가정에서 어른들이 선생님을 존경하는 모습을 보여야 한다. 어른들은 아이들의 거울이라 하지 않던가. 아이들은 부모의 등을 보고 배운다고 한다. 가정에서 어른들이 선생님을 존경하는 모습을 보고 자란 아이들은, 학교에 가서 선생님을 존경할 것이다. 선생님을 존경하는 학생은 공부도 잘하고, 벗들과도 원만하게 지낼 것이다. 기본적인 인성이 잘 길러진 바탕에서 공부를 잘해야 한다. 기본적인 인성이 갖추어지지 않은 사람이 공부를 잘하면, 사회를 혼란스럽게 만드는 인간으로 성장하기 쉽다.

부모들이 자식 공부 잘 시키려는 목적은 좋은 학교에 진학하여, 졸업한 뒤 좋은 직장에 취직하라는 바람일 것이다. 그러나 기본적인 인성이 바르지 못한 사람은 공부는 잘해서 좋은 직장에 취직 될지는 몰라도, 직장 생활은 순탄치 못할 것이다. 요즘은 기업에서도 실력만 좋은 인재보다는, 바른 인성을 갖춘 인재를 중용한다고 한다. 결국 어린 시절 가정에서 바른 인성을 길러주지 않으면, 그 사람의 장래는 불행해진다. 지금 "네 성이 뭐냐?" 이런 것을 가르치라고 하면 왜 그딴 걸 가르쳐야 하냐? 그딴 건 안 가르쳐도 다 잘 알기 마련이라며 일축해버릴 것이다. 우리 모두 곰곰 생각해 볼 일이다.

(2015. 5. 3.)

# 행복한 밥상

맛있는 음식을 많이 먹으면 밥을 배불리 먹은 흥부가 한 말이 생각난다.

"부자 놈들도 고생 많이 하는구나. 끼니마다 이렇게 배부르게 먹고 어떻게 산다냐?"

배고파서 고생을 해보지 않은 사람은 밥을 너무 많이 먹어 고생한 경험이 없을 것이다. 우리는 대부분 배고픈 설움을 경험한 세대들이다. 가정에서 배고픔을 경험하지 못한 사람들은 대개 군대생활을 하면서라도 배고픔을 경험했다. 사람이 가장 비참할 때가 배고플 때다. 오죽하면 "세끼 굶으면 남의 집 담장 안 넘을 사람 없다."는 속담이 생겼을까. 배가 고프면 양심이나 체면을 생각할 겨릇이 없다.

군대에서 훈련병 시절에는 식사에 대한 묵념을 했다. 눈을 감고 묵념을 할 때 보면 옆 사람 밥이 내 밥보다 많은 것 같아 얼른 바꿔 놓고 눈을 떠보면 오히려 내 밥이 적은 것 같았다. 묵념할 때 밥그릇 바꿔치기가 성행하다 보니 밥그릇을 지키려고 아예 눈을 뜨고 묵념을 하기도 했다. 군대생활 신병시절 밤에 보초를 서다 취사반에 몰래 들어가 두부를 훔쳐 먹다 들켜 매도 많이 맞고, 기합도 받으며 고향 쪽 달을 바라보며 울기도 했었다. 운전교육대에서는 취사반에 사역병으로 나가 밥을 너무 많이 먹고 움직일 수 없어 크게 고생한 적도 있다. 신병 때는 부잣집 아들이건 학력이 높건 상관없이 모두 배가 고파 허덕였다. 그러다가 모처럼 실컷 먹고 너무 배가 불러서 큰 고생을 한 경험들이 있다. 우리 또래들은 누구나 똑같은 경험들을 했다. 그래서 제대한 지 40여 년이 지난 지금도 군대생활 때 배고파 힘들었던 이야기를 하면 시간가는 줄 모른다.

1960년대는 해마다 봄이면 보릿고개를 넘기기 힘들었다. 그래서 제일 넘기 힘든 고개가 보릿고개라 했다. 봄이면 거지들도 많았다. 끼니때가 되면 거지들이 바가지를 들고 다녔다. 봄이면 초근목피로 끼니를 연명한 사람들이 많았다.

보릿고개가 없어진 지금은 살이 쪄서 걱정하는 사람들이 늘면서 밥을 별로 고맙게 생각하지 않는 것 같아 안타깝다. 손자들과 함께 밥을 먹을 때면 가끔 우리들이 먹는 음식이 어떤 경로를 거쳐 밥상에 올랐는지 설명해 주며 농부들과 음식을 만들어준 분들에게 고마운 마음을 갖도록 이야기해 준다.

우리 집 밥상은 항상 정겹고 풍성하다. 이른 봄이면 아내가 고향 선산자락에서 쑥, 취, 두릅, 냉이, 죽순, 고사리, 풍년초, 광대쟁이, 깜밥쟁이 등 어린 시절부터 많이 먹었던 나물들을 뜯어온다. 고향집 텃밭에는 파, 상추, 쑥갓, 부추, 가지, 오이, 고추, 열무, 메밀, 시금치, 등을 심어 찬거리들을 장만한다. 이런 찬거리들은 고향땅에서 고향의 햇살과 비바람을 맞으며 자라서인지 보기만 해도 정겹다. 아내와 나는 식성이 비슷하다. 고기보다는 채식을 좋아한다. 아내는 음식을 만들 때면 항상 정성을 다한다. 그래서 더욱 맛이 있는지도 모른다. 나는 밥을 먹을 때마다 큰 재벌 회장 이름을 들먹이며 그분들보다 우리 집 밥상이 더 정겹고 풍성하고 맛있을 것이라고 이야기한다. 아내는 풀만 먹고도 재벌들을 부러워하지 않으니 다행이라면서 행복해 한다.

(2012. 11. 16.)

# 올기쌀을 먹으며

아내와 함께 아침 산책길에 전주천 매곡교 아래 새벽장터를 가끔 찾는다. 그곳에 가면 어린 시절 고향 운암 5일장이 생각난다. 정다운 고향사람들을 만날 것 같은 생각이 들기도 한다. 인정이 넘치고 새벽이어서인지 파는 사람들이나 사는 사람 모두 활기찬 모습이다. 떠들썩하여 사람 사는 냄새가 물씬 풍긴다. 사고파는 물건을 보며 계절의 변화를 느낄 수도 있다. 직접 농사를 지은 분들이 가져와 팔기 때문에 싱싱하고 값도 싸다. 인정 많은 할머니들이 덤도 많이 준다.

추석을 며칠 앞둔 어느 날 새벽, 장터에 가서 올기쌀을 샀다. 어린 시절 올기쌀을 만드는 것을 보면 덜 여문 벼를 베어다 가마솥에

찐 뒤 말려서 절구통에 찧었다. 올기쌀은 손이 많이 가기도 하지만 덜 여문 벼로 만들기 때문에 소출도 떨어진다. 그래서 부잣집에서는 군것질용으로 만들어 먹었지만, 가난한 집에서는 식량이 없어 식량을 보충하려고 어쩔 수 없이 만든 쌀이다. 우리 부부는 매년 추석 무렵이면 그곳에 가서 올기쌀을 산다. 치아가 부실하긴 해도 어린 시절의 추억이 아쉬워 한 해라도 올기쌀을 맛보지 않고 그냥 지나칠 수가 없다. 어린 시절 올기쌀을 양쪽 주머니에 가득 넣고 친구들과 나누어 먹을 생각을 하며 집을 나서면 부러울 게 없었다. 우리가 어릴 때는 먹을거리가 별로 많지 않았다. 그러니 조금씩이라도 나누어 먹도록 가르쳤다. 콩 한 쪽도 나누어 먹어야 한다고 했다. 밤을 까먹다 쪽밤이 나오면 이는 반드시 나누어 먹어야지 그렇지 않으면 덧니가 난다며 겁을 주기도 했다. 밤을 까먹다가 쪽밤이 나올까봐 걱정했던 생각이 떠오르면 혼자도 웃음이 나온다. 올기쌀은 씹으면 씹을수록 쫄깃하며 고소하다. 아무리 먹어도 질리지 않았다. 어머니가 바빠서 올기쌀을 만들어주지 않으면 일반 쌀을 가지고 다니며 먹기도 했다.

추석 때 서울에서 온 초등학교에 다니는 손자들이 올기쌀을 고소하다며 곧잘 먹어 퍽 귀여웠다. 손자들과 함께 올기쌀을 먹으며 밥을 먹을 때는 항상 밥을 해주신 어머니를 고맙게 생각하고 농사짓는 분들의 노고도 잊어서는 안 된다고 일러주었다. 한 알의 볍씨가 쌀이 되기까지 농부들의 손이 여든여덟 번이나 간다고 한다. 그래서 쌀미米 자는 열십十 자에 여덟팔八 자 두 자가 합쳐져 만들어졌다. 사람의 기氣가 쌀에서 나온다고 하여 기氣 자도 쌀미米 자의 바탕 위에 만들어진 글자라 한다. 먹거리가 넘쳐나 지금 사람들은 쌀을 별로 대수롭지 않게 여기지만, 우리 민족은 쌀을 인간의 영혼과 통할 정도로 신성하다는 뜻, 즉 영곡靈穀이라 불렀다. 곡물 중 단연 으뜸으로 여기기도 했지만 화폐를 대신하기도 했다. 전답이나 집을 사고 팔 때면 돈보다 쌀로 거래하는 경우가 많았다. 일꾼들의 새경이나 품삯은 물론 서울로 유학 간 아들의 하숙비도 쌀로 주었다.

가을이 되어 들판이 황금 물결로 일렁이면 농부들은 여름 내내 땀 흘리며 힘들었던 시름도 잊고, 풍년가를 노래하며 행복해 했다. 그러나 요즘은 풍년농사를 지어놓고도 농촌이 시름에 잠겨있다. 정부에서 쌀 관세화를 선언했기 때문이다. 쌀 수입 전면 개방은 우리 먹거리의 주권을 잃어버리는 결과를 가져올 수도 있어 걱정이다. 쌀 관세화는 농민들의 문제만이 아니다. 쌀밥을 주식으로 하는 전체 국민의 먹거리 관계이기도 하다. 정부에서 쌀 문제에 대한 좋은 대안을 마련하여 농민들은 물론 쌀밥을 주로 먹는 우리 국민 모두 황금빛으로 출렁이는 들판을 바라보며 행복해 했으면 좋겠다.

(2014. 9. 30.)

# 겁 없는 참새들

요즘 고향 집 마당에서 본 참새들은 여유롭고 행복해 보였다. 앙증맞고 귀엽기도 했다. 옛날보다 덩치도 커지고 배짱이 두둑해졌다. 사람들을 봐도 별로 두려워하지 않고 여간해서는 도망치지도 않았다. 완전 겁이 없어졌다. 나라 경제가 발전하여 사람들의 삶이 윤택해지니 참새들도 호사를 누리는 것 같다. 옛날 참새들은 사람들 발 소리만 들려도 혼비백산했다. 항상 놀라서 가슴이 콩닥콩닥 했다. 그래서 참새가슴이란 말도 생겼다. 식량이 부족하던 시절, 사람들도 먹고살기 힘든데 여물어가는 곡식을 참새들이 먼저 시식하고 수확하여 멍석에 널어놓은 곡식까지 먹으려고 덤벼대니 미움을 받았다. 벼이삭이 나올 때쯤이면 논 여기저기에 허수아비를 세워 참새들의 접근을 막았다. 논두렁에 새막을 짓고 빈 깡통을 달아 흔

들면서 '우여!우여!' 고함을 지르며 새를 쫓고, 멍석에 널어놓은 곡식을 먹으려고 덤벼드는 참새를 유인하여 덫을 놓아 잡기도 했다.

그 시절 참새들은 많은 수난을 당했다. 참새들은 초가집 지붕에 집을 짓고 살면서 봄이면 알을 낳고 새끼를 깐다. 짓궂은 아이들은 사다리를 놓고 지붕에 올라가 알을 꺼내고 새끼들을 잡아 키우기도 했지만 장난감처럼 가지고 놀았다. 가을이면 고무줄로 새총을 만들어 경쟁적으로 새를 잡았다. 특별한 놀이가 없던 시절이라 새총으로 새를 잡는 것은 재미난 놀이였다. 새총으로 새를 잡는 쾌감은 요즘 사냥총으로 꿩을 잡는 것보다 훨씬 스릴도 있고 재미가 좋았다. 가을부터 겨울까지 남자 어린이들은 대부분 호주머니에 새총을 가지고 다니며 새만 보면 잡으려 하니 참새들은 사람들만 나타나면 도망가기에 바빴다.

참새 잡이는 어린이들만의 놀이가 아니었다. 어른들도 겨울밤이면 새를 잡는 통발을 만들어 초가지붕에 집을 짓고 사는 참새들을 잡아 술안주를 했다. 어른들을 참새 잡이에 가담하게 한 것은 참새들에게도 일말의 책임이 있다. 참새가 암소 등에 올라 네 고기 열 점하고 내 고기 한 점하고 안 바꾼다고 자랑을 했다고 한다. 고기가 귀하던 시절 소고기 열 점보다 참새고기 한 점이 낫다고 하니 참새들을 그냥 놔둘 사람들이 어디 있겠는가? 아예 전문적으로 그물망을 만들어 새를 잡았다. 한겨울 도회지의 포장마차에서는 참새를 머리까지 통째로 바삭하게 구워 술안주로 팔았다. 참새구이를 파는 포장마차는 골목마다 있었다. 값도 비싸지 않아 서민들도 부담 없이 먹을 수 있었다. 참새가 방앗간을 그냥 지나칠 수 없듯이 주객이라면 눈 오는 날 참새구이집을 그냥 지나칠 수 없었다. 친구들과 어울려 포장마차에서 참새구이 안주에 술잔을 기울이던 기억이 생생하다. 지금도 눈 내리는 겨울 골목길을 걷다가 붕어빵이나 어묵을 파는 포장마차 주변을 지날 때면 속절없이 옛날의 추억들이 되살아난다. 가난했던 시절의 추억이다.

사람들의 마음 씀씀이는 아파트 평수와 정비례한다는 말이 맞는 말인 성싶다. 이제 경제가 발전하여 농민들도 참새들이 나락 몇 톨 쪼아 먹는 것 정도는 탓하지 않는다. 어린이들도 학교에서 돌아오면 학원에도 가야 하고 장난감도 많아 고무총 들고 참새 쫓아다닐 시간이 없다. 술안주도 참새고기보다 푸짐하고 맛있는 것들이 많으니 어른들도 참새를 잡으려 들지 않는다. 나라경제가 발전하니 사람들의 삶도 좋아졌지만 참새들도 우리나라가 천국일 것이다.

"참새야. 우리나라 경제가 계속 발전하도록 기도해라. 나라 경제가 어려워지면 너희들을 사람들이 언제 잡아먹으려 들지 모르니 말이다."

나라경제가 발전하여 참새들도 행복을 누리는데, 우리도 옛날보다 잘산다는 사실에 자족하고 행복해 하면 우리의 행복지수도 높아지려니 싶다.

(2015. 10. 10.)

# 2부

# 천둥소리

아내와 함께 한국소리문화의전당 모악당에서 창작창극 「천둥소리」를 감상했다. 창극 「천둥소리」는 광복 70주년과 명성황후 시해사건 2주갑을 맞아 전북도립국악원이 기획, 제작한 작품으로 2015년 9월 10일과 11일 전주소리문화의전당에서 공연되었다. 일본이 조선의 국권을 찬탈했던 시기를 배경으로 당시 전북지역에서 활동했던 정재 이석용 의병장 이야기가 펼쳐졌다.

정재 이석용 장군은 1878년 11월 29일 임실군 성수면 삼봉리에서 이봉선 씨의 3대독자로 태어났다. 어린 시절 총명하여 10세에 문리에 통달했다고 한다. 그가 남긴 『호남창의록』이나 유고문집을 보면 문장력은 물론 글씨 또한 명필이다. 이석용 장군은 1907년 9

월 2일 29세 때 전주 · 임실 · 진안 · 장수 · 남원 · 순창 · 곡성 · 함양 등지에서 동지들을 규합하여 진안 마이산에서 호남의병창의동맹단湖南義兵倡義同盟團이란 기치 아래 의병활동을 전개했다. 처음에 참여한 의병들은 500여 명이었으나 성원을 위해 모여든 민중들까지 합하면 1,000여 명에 달했다고 한다.

호남의병창의동맹단의 활발한 의병활동으로 호남에서 일본인들의 활동이 어렵게 되자 일본총독부는 1908년 만여 명의 군대를 동원하여 호남의병 토벌 작전을 전개했다. 의병들은 그간 많은 전과를 올렸으나 신식무기로 무장한 만여 명에 달하는 일본군의 토벌작전에 속수무책으로 무너졌다. 그 뒤 1913년 10월 13일 체포되어 전주법원에서 1914년 1월 12일 재판을 받고 대구형무소로 이감되어 1914년 4월 4일 교수형을 받고 순국했다. 묘소는 전라남도 영암군 월출산에 모셨다가 지금은 전라북도 임실군 성수면 오봉리 소충사에 인장되었다. 임실군에서는 소충사에 사당과 기념관을 건립하고 생가도 복원하여 숭고한 이석용 장군의 애국정신을 숭모하고 있다.

정재 이석용 장군의 행적과 그 후손들의 삶을 잘 알기에 공연을 보는 내내 많은 생각이 떠올랐다. 일본에 항거한 독립투사들은 목숨을 잃거나 옥살이를 하고, 일본 순사들에게 쫓기느라 집안을 돌볼 수가 없었다. 후손들은 일본인들의 멸시와 핍박을 받으며 생업도 제대로 하기 어려워 가난이 대물림되어 지금도 어렵게 산다. 이석용 장군의 친손자 이명근 어르신은 지금도 성수면 삼봉리에서 가난을 면치 못하고 살고 있다. 그런가 하면 친일파들은 일제강점기는 말할 것도 없고 그 후손들까지도 친일파 조상덕에 교육도 잘 받고 재산도 물려받아 떵떵거리며 잘산다.

2015년 9월 18일자 한겨레신문 보도에 따르면, 현재 여당대표 부친(김용주)의 친일 행각이 백일하에 드러나 논란이 되고 있다. 아버지의 친일 행각을 아들에게 책임지라 할 수는 없다. 하지만 친일파의 후손들과 독립운동가 후손들의 사는 모습을 보면 사회가 불공정하다는 생각을 지울 수 없다.

「천둥소리」는 공연 내내 관객들의 마음을 사로잡았다. 명성황후를 살해하고 을사늑약을 체결하는 장면에서는 비분강개하는 마음이 절로 생겨 주먹을 꼭 쥐었다. 3대독자 아들로 태어나 의병으로 나가며 반대하는 부모님을 설득하고 가족들과 작별하는 모습을 볼 때는 마음이 숙연해졌다. 의병으로 출사한 뒤 가세가 기울어 하인들도 모두 나간 집에서 부인이 홀로 정화수를 떠놓고 의병들의 무사를 기원하는 장면에서 관객들은 모두 눈시울을 적셨다. 일진회를 단죄하고 일본군과 싸워 승리하는 모습을 볼 때는 박수를 치며 환호했다. 대구 감옥에서 부인과 아들이 면회하고 마지막 작별하는 장면에서는 여기저기서 슬픔을 참으며 흐느끼는 소리가 들렸다. 간수가 이석용 장군의 목에 줄을 감는 순간 천둥소리와 함께 벼락을 쳤다. 상여행렬과 해원 굿을 하며 연극은 막을 내렸다.

공연이 끝난 뒤에도 관객들은 한참동안 자리를 뜨지 못했다. 감동적이었다. 「천둥소리」는 우리 전라북도의 정체성을 한껏 드러낸 작품이었다. 도민들의 자긍심을 높여주는 계기도 되었다. 공연이 끝나고 삼삼오오 흩어지며 이구동성으로 한마디씩 했다. "공연 횟수가 너무 적다." 이렇게 훌륭한 공연을 3회 공연으로 끝낸 것은 비생

산적이다. 우리 도민들만 보기에는 너무 아깝다는 생각도 들었다. 서울은 물론 각 도마다 순회공연이라도 했으면 좋겠다는 생각을 했다. 전라북도립국악원 창극단원을 비롯하여 「천둥소리」 제작에 참여한 모든 분들의 노고를 치하하며 박수를 보낸다.

(2015. 9. 21.)

# 인사청문회를 보노라니

TV에서 방송되는 국회의 인사청문회를 보노라면 한숨이 절로 나오고 마음이 답답해진다. 택시를 타고 다니면서 택시기사의 이야기를 듣거나 술집에서 삼삼오오 술을 마시며 울분을 토하는 사람들을 보면서 나뿐만 아니라 다른 사람들도 국회의 인사청문회를 시청하면서 스트레스를 받는다는 사실을 알 수 있었다. 소수의 영남 출신을 제외한 대다수 국민들의 심사가 모두 같을 것이라는 생각이 든다. 우리 국민의 행복지수를 떨어트리는데 장관들의 인사청문회와 지역편중 인사가 크게 한몫을 한다. 온 국민들의 행복지수 향상을 위해서는 경제를 살리는 것도 중요하지만 지역인재를 고루 등용하는 것도 매우 중요하다는 사실을 알아야 한다.

대통령이 추천하여 국회 청문회에 얼굴을 내민 인사들은 영남 출신들이 많다. 청문회에 추천된 인물들은 병역비리, 위장전입, 탈세의 전력이 없는 사람이 드물 정도다. 그렇다고 특별한 능력이 있는 것 같지도 않다. 영남 출신들로만 인사를 하려고 하니 도덕적으로 깨끗하고 능력 있는 인물을 찾기 힘든 게 아닌지 모를 일이다. 윗물이 맑아야 아랫물이 맑다는 속담이 있다. 맞는 말이다. 윗사람을 이런 사람들로 임명하고 말단 공직자들 보고 깨끗하라고 하니 소도 웃을 일이다. 공직사회 전체의 사기는 물론 청렴성도 걱정이다. 이곳저곳에서 삐거덕거리는 소리가 나는 것 같다.

2015년 대통령의 신년 기자회견 때 지역 편중인사에 대한 기자의 질문에 답변하는 대통령의 모습을 보면서 지역 편중인사를 바로잡을 의지가 없는 것 같아 실망했다. 나뿐만이 아니고 다른 사람들도 실망이 컸을 것이다. 잘못된 인사에 대한 국민의 원망을 귀담아 들어야 할 텐데 걱정이다. 국민통합을 위해서는 무엇보다도 지역별로 인재를 고루 등용하고 균형 있는 예산 배분이 중요하다는 것을 대통령도 모르지는 않을 것이다. 지역 편중인사가 도를 넘었다는 울분에 찬 소외지역 국민들의 목소리가 대통령의 귀에는 들리지 않는 모양이다.

정치권에서 편중인사 분석 결과를 발표했다. 대통령부터 감사원장까지 국가의전 서열 10위 안에 든 직위에 영남권 출신이 8명을 차지하고 있다. 이뿐만 아니다. 검찰과 경찰, 국세청과 감사원, 공정위 등 이른바 5대 권력기관의 고위직 160여 명 가운데 영남권 출신이 42.3%를 차지하고 있다. 전국대비 면적, 인구, 경제규모 등을 고려해볼 때 너무 편중된 인사를 하고 있음이 자명하다. 이런 인사가 지속되면 영남사람들에게는 존경받을지 몰라도 소외지역 국민으로부터는 원망을 살 것이다.

지렁이도 밟으면 꿈틀한다는데 소외지역 국민도 언제까지 대통령의 편중인사에 침묵만 하고 있지는 않을 것이다. 영남지역인사를 제외한 다른 국민을 물로 보는 모양이다. 물이 힘이 없는 듯이 보이지만 물이 배를 띄우기도 하고 뒤집기도 한다는 사실을 알아야 할 것이다. 대통령은 인사가 만사라는 말을 곰곰이 되새겨보고, 앞으로 고루 인재를 등용하여 모든 국민이 공감할 수 있는 인사를 해야 한다. 탕평인사를 하면 국민대통합이 이루어져 대통령은 국민으로부터 존경받고 국민의 행복지수는 향상될 것이다.

(2015. 3. 7.)

# 4월은 위대한 달

4월은 위대한 달이다. 영국의 시인 T.S 엘리엇의 「황무지」 라는 시에서 4월을 역설적으로 잔인한 달이라 한 데서 비롯되어 4월을 잔인한 달이라 한다. 하지만 우리나라의 4월은 위대한 달이다. 4월은 겨우내 얼어붙었던 땅속에서 파릇한 새싹이 돋아나는 만물이 생동하는 역동적인 계절이다. 날마다 꽃들이 새롭게 피어나고 죽은 듯이 서 있던 나무들도 경쟁하듯 저마다 잎을 틔우며 또 하나의 나이테를 만들어 나간다. 청명과 곡우의 절후로 본격적인 농사일이 시작되는 계질이기도 하다. 이렇듯 만물이 새로운 희망으로 도약하는 계절이다. 그래서인지 4월에는 역사적으로 큰일들이 많이 일어났다. 1919년 4월 13일 임시정부수립, 1948년 4월 3일 제주항

쟁, 1960년 4월19일 민주혁명과 2016년 4월 13일 제20대 국회의원 선거혁명일이다. 누구도 예측하지 못한 큰 이변이다. 이번 선거결과는 국민들에게 오래도록 잊히지 않을 것이다. 국민들의 위대한 승리다.

제20대 국회의원선거 결과 더불어민주당 123석, 새누리당 122석, 국민의당 38석, 정의당 6석, 무소속 11석이다. 들여다보고 또 들여다보고, 새겨보고 또 새겨보면, 절묘하기도 하고 흐뭇하기도 하다. 4월 13일 오후 여섯 시, 기원에서 바둑을 두던 사람들이 모두 두던 바둑들 중단하고 TV 앞에 서서 출구조사 결과를 보며 함성을 질렀다. 그간 각종 여론조사를 보며 개표방송을 보고 싶은 생각이 없었는데 그게 아니었다. 여론조사가 엉터리였음이 출구조사 결과에서 나타나고 있었다. 개표방송 TV를 보는 게 바둑을 두는 것보다 더 재미있을 것 같아 두던 바둑을 치우고 집으로 돌아왔다. 개표방송을 보던 중 평소 정치에 관심이 많은 둘째 아들이 전화를 했다. 아버지, 개표방송이 재미있으시죠? 몇 번 채널이 더 빠르고 재미있어요? 아들은 신바람이 났다. 새벽 세 시가 넘도록 문자 메시지로 의견을 주고받으며 개표방송을 봤다. 잠을 자지 않아도 피곤하지 않았다. 통쾌한 국민의 승리였다.

선거가 끝난 뒤 국민들의 표정도 밝고 행복해 보였다. 택시를 탔더니 택시기사가 먼저 선거결과를 이야기하며 즐거워해서 덩달아 즐거웠다. 술집에서 술을 마시며 하는 대화도 즐거움이 넘쳤다. 요즘은 종편을 봐도 재미가 있다고 한다. 맞는 말이다. 선거일 전에는 대통령이 빨간색 옷을 입고 선거에 민감한 지역을 순방하는 모습과 새누리당 지도부가 땅바닥에 납작 엎드려 앵벌이처럼 구걸하는 모습을 보여주며 새누리당 나팔수 노릇에 앞장섰던 모습이 온 데 간 데 없이 사라졌으니 그럴만하다. 종편뿐만이 아니었다. 심지어 공영방송까지 경쟁적으로 탈북자 관련 뉴스와 북한군의 불을 뿜는 사격장면과 미사일 발사광경을 시도 때도 없이 보도하는 바람에 뉴스를 보고 싶지 않았다. 언론이 바르게 보도하여 국민들이 올바른 판단을 하도록 해야 함에도 정부와 집권여당의 편에서만 보도하여 안타까울 때가 많았다. 앞으로는 이런 작태들은 사라질 것이란 생각이 들기도 한다. 이번 선거를 계기로 이제는 우리 국민들이 그런 상투적인 꼼수에 더 이상 속지 않을 만큼 성숙해졌음을 알았으리라.

이제는 위대하고 절묘한 국민의 심판을 겸허하게 받아들여 대통령부터 달라져야 한다. 그간 소외시켰던 지역과 인사들을 넓은 마음으로 포용하고, 새로운 국회와 소통하는 정치로 국민에게 꿈과 희망을 안겨주는 정치를 폈으면 하는 마음 간절하다. 이번에 당선된 국회의원들은 민심의 소재를 잘 읽었을 것이다. 특정 정당이나 특정인의 지지만으로 표를 얻는 시대는 끝났다. 진박, 비박, 탈박타령을 하며 진박 감별사까지 등장시켰다가 피박 쓰는 모습을 똑똑히 봤을 테니 말이다. 정부와 국회가 이번 20대 총선 민의를 겸허하게 받아들여 대화와 협력으로 국민의 행복지수를 높이는 정치로 바뀌면 4월은 더욱 위대한 달이 될 것이다.

(2016. 4.)

# 선거판의 아부경쟁

아부는 인류가 시작되면서부터 있었다. 아부는 사람들만 하는 게 아니라 동물들도 한다. 포유류뿐만 아니라 조류들도 아부를 한다. TV에서 동물에 대한 프로그램을 시청하다 보면 동물들이 아부하는 광경을 자주 본다. 요즘은 닭을 닭장에 가둬 키우다 보니 보기가 쉽지 않다. 하지만 옛날 농촌에서 닭을 키울 때는 수탉이 암탉에게 아부하는 모습을 자주 봤다. 마당에서 모이를 쫓다가 수탉이 좋은 모이를 발견하면 꼬꼬꼬 소리를 내며 암탉을 부른다. 다른 닭들은 얼씬도 못하도록 날갯짓을 하며 암탉이 좋은 모이를 편안하게 먹도록 분위기를 만들어 준다. 이렇듯 동물들도 필요에 따라 아부를 한다. 아부는 인간사회나 동물들의 세계에서도 필요 불가결의 존재인 것 같다. 그러나 아부 잘하는 사람이 출세하고 성공하는 사회가 되어서는 곤란하다.

때에 따라서는 아부가 필요한 경우도 더러 있다. 결혼식장에서는 별로 예쁘지 않은 신부에게도 어쩜 이렇게 예쁘냐고 한다. 갓 태어난 신생아를 보고는 정말 잘생겼다는 덕담이 필요하다. 이런 정도의 아부는 살아가는 데 윤활유 역할을 한다. 아부를 해서는 안 될 사람들이 해서는 안 될 아부를 하면 오래도록 사람들의 입에 오르내리게 된다. 진위 여부는 정확히 알 수 없지만 자유당 시절 이승만 대통령이 방귀를 뀌자 옆에 있던 어떤 장관이 "각하 시원하시겠습니다." 라며 아부를 했다는 일화는 아부 이야기만 나오면 따라 다닌다. 그 시절에는 선거 때면 고무신이나 막걸리, 국수가 표심을 좌우했었다. 요즘은 국민들의 경제수준이나 학력수준이 높아져 아부 잘하는 정치인들의 아부 방법이나 수준도 많이 향상되었다. 그러나 국민들의 의식수준은 정치인들의 아부 수준을 능가하지 못하는 것 같아 아쉽다. 아부 성 공약이나 정책을 분간 하지 못하니 말이다. 지금 대통령도 지난 대선 때 노인들을 대상으로 아부성 공약을 했다가 공약을 지키지 않아 노인들의 불만을 많이 사고 있다.

요즘 시 · 군 소재지를 지나다 보면 큰 건물은 온통 6월 4일 치러질 4대 지방 선거를 앞두고 예비 후보자들의 선거 홍보 현수막으로 도배가 되었다. 현수막을 바라보노라면 우리나라가 금방 잘 살고 행복해질 것 같은 생각이 든다. 후보들의 공약이 모두 이뤄져 국민들 모두가 행복하게 잘사는 나라가 되었으면 좋겠다. 후보에 따라서는 진정으로 지역발전과 주민들을 위해 봉사하려는 열정을 가진 후보들이 많다. 그러나 진정으로 지역사회를 위해 봉사하려는 의지를 가진 후보보다 거짓말 잘하고 아부 잘하는 후보들이 유권자들을 현혹하여 당선되는 사례가 많아 걱정이다.

후보들마다 환하게 미소를 짓는 모습은 똑같다. 어떤 후보는 웃옷을 벗고 와이셔츠 소매를 걷고 손을 번쩍 들고 서 있고 또 다른 후보는 양손 깍지를 끼고 무엇인가를 깊이 생각하는 포즈를 취하기도 한다. 모델 같은 연출로 유권자들에게 어떻게 하면 신뢰감을 주고 친근하게 보일까? 하나같이 아부하는 모습처럼 생각되어 씁쓰름하다. 후보들이 내건 공약도 찬찬히 살펴보면 실현 가능성 없는 장밋빛 지역개발 청사진이나 선심성 공약이 대부분이다. 누가 누가 잘하나 아부 경쟁을 벌이는 공연장 포스터를 연상케 한다. 『논어論語』 학이편學而篇에 교언영색巧言令色 선의인鮮矣仁이란 말이 생각난다. '말재주가 교묘하고 표정을 보기 좋게 꾸미는 사람 중에 어진 사람은 거의 없다.'는 뜻으로, 남의 환심을 사기 위해 아첨하는 교묘한 말과 보기 좋게 꾸미는 표정을 이르는 말이다

개인 간에 하는 아부는 애교 수준으로 봐줘도 괜찮다. 하지만 정치인들의 아부는 곰곰 생각해 볼 문제다. 허리를 굽히고 억지 미소를 짓고 손금이 닳도록 손바닥을 비비며 악수를 청하는 아부는 어쩔 수 없이 받아 줄 수밖에 없다. 하지만 지키지도 못할 지역개발 공약이나 선심성 공약으로 아부를 하는 것은 안 된다. 이런 공약은 예산낭비와 다수 국민들에게 허탈감을 주며 지역 갈등을 유발하여 나라와 지역을 병들게 한다는 것을 알아야 한다.

전라남도 모 자치단체 시장 후보가 지역 내 65세 이상 노인 가운

데 소득하위계층 70%의 노인수당을 월 25만 원으로 인상하여 지급하겠다는 공약을 발표하여 논란이 일고 있다. 언론에 노출이 안 되어서 잘 모르는 사람들이 많지만 이와 유사한 공약들이 많이 남발되고 있다. 국민들을 대상으로 지급하는 출산 장려수당이나 노인수당, 지원금, 각종 장려금 등은 정부에서 일률적으로 공평하게 정하여 지급하는 방향을 모색해야 할 것이다. 후보들의 됨됨이를 잘 살펴야 한다. 지역발전의 비전이나 봉사하려는 열정보다 권력욕이나 명예 또는 정상배적인 사고를 가진 인물은 아닌지? 공약도 냉정하고 꼼꼼하게 살펴 아부만 잘하는 후보가 당선되는 불행한 일이 없었으면 좋겠다.

(2014. 4.)

# 감격과 환희의 순간들

-2018년 4월 27일 세 번째 남북정상회담을 보고-

2018년 4월 27일, 온 세계의 눈과 귀가 우리나라 판문점에 집중되었다. 9시 28분 김정은 국무위원장이 뚜벅뚜벅 천천히 걸어서 판문점 공동경비구역 군사분계선을 넘어 문제인 대통령과악수를 하는 순간, TV를 보는 아내와 나는 탄성을 지르며 박수를 쳤다. 정말 감격스럽고 기쁜 순간이었다. 탄성이 절로 나왔다. 바로 이어 두 정상이 군사분계선을 넘어 북측으로 갔다. 처음에는 무슨 영문인지 몰라 어리둥절했다. 문 대통령이 “나는 언제쯤 넘어갈 수 있을까요?”라고 말을 건네자, 김 위원장이 “그럼, 지금 넘어가 볼까요?”라고 화답하며 문 대통령의 손을 이끌어 두 정상이 군사분계선을 넘나들었다고 한다. 남북정상들이 합의만 하면 군사분계선을 넘기가 이리도 쉬운 일임을 전 세계에 알리는 순간이었다.

이번 정상회담은 우리 민족의 염원을 넘어 전 세계인들의 관심사기도 했다. 미국, 중국, 러시아를 비롯한 주요 국가의 정상들도 이번 정상회담의 성공을 지지했다. 그간 북한의 미사일 발사 때마다 자국의 국내정치에 최대한 이용한 일본의 아베 총리의 태도엔 마음 한 구석이 찜찜하다. 멀리 로마교황청에서 프란치스코 교황도 이번 정상회담의 성공을 기원한다는 메시지를 발표했다. 불교계에서 스님들도 법회를 열어 회담의 성공을 기원하고, 개신교의 목사들도 기도를 드렸다고 한다. 전 세계 언론의 취재열기도 그 어느 때보다 뜨거웠다. 국내외기자 3,000여 명이 취재경쟁을 펼쳤다고 하니 세계인들의 관심이 어느 정도인지 짐작할만 하다.

잠시도 TV채널에서 눈을 뗄 수가 없었다. 김정은 위원장은 평화의 집 1층에 마련된 방명록에 "새로운 력사는 이제부터, 평화의 시대, 력사의 출발점에서"라고 썼다. 문재인 대통령은 그 옆에서 미소를 지으며 서 있었다. 대화 내용이나 행동 하나하나가 진실성이 담겨 보였다. 문재인 대통령이 도보로 백두산을 가보고 싶다고 하자 김정은 위원장은 북한의 도로사정이 남한에 비하면 민망할 정도라고 말하는 모습은 대화내용의 진정성을 가늠하게 했다. 두 정상의 기념식수 장면도 많은 걸 생각하게 했다. 1953년생 소나무를 심으며 한라산과 백두산의 흙을 섞어 뿌리고, 한강물과 대동강물을 주었다. 식수 표지석에는 "평화와 번영을 심다"라는 문구와 두 정상의 서명이 새겨졌다.

도보다리에서의 벤치회담은 이번 회담의 하이라이트였다. 날씨도 도와주었다. 춥지도 덥지도 않은 쾌적한 날씨는 산책을 하면서 회담을 하기에 안성맞춤이었다. 수행원이나 통역도 없이 단둘이 산책을 하다가 벤치에 앉아 회담하는 모습이 전세계에 생중계되어 남한과 북한은 역시 한미족이라는 모습을 전세계에 알리는 효과를 가져왔다.

남북정상이 채택한 한반도의 평화와 번영, 통일을 위한 선언문에는 평화체제구축에 대한 의지와 군사적 신뢰구축방안이 담겼다. 그간에도 우리는 여러차례 좋은 내용의 합의문을 작성하고 공동선언을 한 적이 있었다. 합의문의 공동선언도 중요하지만 지켜나가는 과정이 더욱 중요하다. 공동선언문 발표뒤 김정숙 · 리설주 여사가 참석한 가운데 만찬이 이뤄져 만찬장 분위기는 더욱 화기애애한 분이기였다. '하나의 봄' 환송공연을 끝으로 다음 만남을 기약하고 김정은 위원장 일행은 21시 28분쯤 판문점을 떠났다. 열두 시간의 만남이 한 편의 드라마처럼 진행되었다. 순간순간이 감격과 환희였다.

국민들 대부분이 4 · 27 정상회담을 적극적으로 지지하고 세계 언론들도 긍정적으로 평가하는 분위기다. 그간 보수정치세력들은 전쟁의 공포심을 담보로 정권을 장악하고 언뜻하면 진보세력들을 종북 좌파로 매도해 왔다. 여기에는 보수언론이 힘을 보태고 이익을 공유했다. 지금도 보수정치세력과 일부 언론에서는 '완전한 비핵화'라는 말이 구체적이지 않은데 퍼주기만 약속했다고 목소리를 높이는 모습을 보면 안타까운 생각이 든다. 우리 주변국 정치지도자들도 북 · 미회담이 성공적으로 이루어져 한반도에 비핵화와 평화가 정착되길 염원하는 분위기다. 북 · 미 정상화담을 앞두고 중요한 시기다. 이제는 우리 국민 모두가 힘과 지혜를 하나로 모아 모처럼의 기회를 저버리지 않았으면 하는 마음 간절하다. 특히 언론이 좀 더 신중하고 냉철하게 판단해서 대안을 제시하고 국민들의 힘이 모아지도록 했으면 좋겠다. 북 · 미 정상회담이 성공적으로 이루어져 핵과 전쟁을 걱정하지 않고 남과 북이 자유로히 왕래하고 여행할 수 있는 나라가 되었으면 하는 마음 간절하다.

(2018. 5. 1.)

# 독립운동가 후손들

우리 고향에선 독립열사 세 분이 배출되었다. 고향 사람들은 독립운동가들의 이야기를 신화처럼 이야기한다. 김영원, 한영태, 최봉상 열사다. 세 분 모두 동학혁명과 3 · 1독립운동을 하다 왜경에 붙잡혀 모진 고문을 당하다 순국하셨다. 김영원 열사는 후손들이 고향에서 살고 있으나 가난하게 산다. 한영태 열사와 최봉상 열사는 젊은 나이에 옥중에서 순국하신 관계로 후손이 없다. 참 안타까운 일이다. 이분들의 숭고한 뜻을 기리기 위해 우리 고향 사람들은 해마다 3 · 1절이면 기념행사를 한다. 기념식에 가면 옛 친구들과 어르신들을 만날 수 있어 좋다. 고향사람들을 한 자리에서 많이 만날 수 있는 기회가 그리 흔치 않은데 해마다 기념식에 가면 100여 명

넘는 고향 사람들을 만날 수 있다.

올해는 서울에 사는 넷째 동생과 막냇동생도 참석하여 우리 형제들이 모처럼 기념행사에 모두 참석했다. 청웅면 구고리 평지마을에 사는 박기상 어르신은 금년 102세인데도 해마다 참석하신다. 청웅면에서 운암까지는 상당히 먼 거리다. 그 먼 거리를 시내버스를 타고 행사에 참석하기 위해서는 이른 아침에 출발해야 할 텐데 해마다 참석하시는 모습을 보면 가슴이 찡해진다. 선친과 조부께서 동학혁명과 3 · 1독립만세운동에 적극 참여하신 관계로 왜경의 감시를 받아 궁핍한 생활을 면치 못했다고 한다. 그래도 조상들의 이야기를 할 때면 자긍심이 대단하다. 연세가 많아 해마다 인사를 해도 잘 못 알아보신다. 금년에도 인사를 드리며 아버님 성함을 알려드리고 셋째 아들이라고 했더니 반가워 하셨다. 독립운동가의 후손들은 동질감이 느껴져 금방 친해진다.

기념식 뒤엔 시가행진을 한다. 시가행진을 할 때면 농악단이 앞장서고 흰 두루마기를 입고 머리띠를 두른 참여자들은 양손엔 태극기를 들고 독립만세를 부르며 뒤를 따른다. 해마다 '대한독립만세' 선창은 김영원 열사의 장손 김창식 선생이 한다. 김창식 선생은 올해 일흔두 살의 노인인데도 만세를 선창할 때면 만세소리가 유난히 우렁차다. 100여 년 전 동학혁명을 주도하고 3 · 1 독립운동에 앞장섰던 김영원 열사는 1852년 임실군 운암면 선거리 시목동에서 태어났다. 젊은 나이에 태인 무성서원 장의와 전라북도 서원의 색장이 되었다. 운암면 지천리 최승우 대접주의 안내로 동학에 입도하여 갑오동학혁명 때는 임실접주로 활약하셨다. 우리 선조들이 목숨을 걸고 독립운동을 할 때는 후손들에게 나라를 찾아주어 잘 살게 하려는 마음에서였을 것이다. 하지만 광복이 된 뒤 미국은 자기들의 편의만을 생각하고 친일파들을 등용하여 치안과 행정을 맡겼다. 정부수립 뒤에도 친일세력들을 척결하기는 커녕 친일파들을 정부 요직에 배치하여 독립운동가 후손들은 오히려 친일파 후손들에게 핍박을 당하며 살았으니 억울하기 짝이 없는 노릇이었다. 친일파 후손들은 교육도 잘 받고 재산도 물려받아 지금도 정부 요직이나 정치권에 친일파 후손들이 많다. 이들은 친일한 조상들의 친일행각을 정당화하고 미화하려 호시탐탐 역사를 왜곡하거나 날조하려 든다. 때론 권력을 이용하여 독립운동가 후손들에게 종북 좌파란 누명을 씌워 탄압했다. 그러나 손바닥으로 하늘을 가릴 수 없듯이 친일행각은 언젠가는 드러난다. 동학혁명 참여자 유족이나 독립운동가들의 후손들은 대부분 가난이 세습되어 삶이 고단했다. 가난하여 공부를 못해 자연적으로 인물도 줄어들어 사회적 존제감이 희미해져 안타깝다.

시가행진 뒤 점심식사를 하며 그간의 안부를 묻기도 하고 덕담을 나눈다. 참석자들의 나이는 많아지고 숫자는 줄어든다. 젊은이들은 별로 관심이 없다. 언제부터인지 학생들도 행사에 참여하지 않는다. 면단위 기관 사회단체장들이 모두 참여하는데 학교에서는 아무도 참석하는 이가 없다. 요즘 국경일은 대부분 그냥 쉬는 날로 생각하는 사람들이 많다. 박근혜 탄핵을 반대하는 사람들이 시위를 하며 들고 다녀 태극기가 그 존엄성을 훼손당한 느낌이 든다.

우리 고향사람들은 내년에도 3 · 1절 기념행사를 할 텐데 해가 갈

수록 나이 많은 사람들만 참석하는 것 같아 마음 한구석이 허전해진다. 국가기념행사나 경축행사에 젊은이들과 학생들이 자발적으로 참여하는 풍토가 조성되도록 제도적인 대책이 마련되었으면 좋겠다.

(2018. 3. 12.)

# 떠도는 동학의 영혼들

동학농민군들의 영혼이 구천을 떠돌고 있다. 동학농민운동에 참여한 동학군들은 관군과 왜군들에 의해 무참하게 살해당했다. 1906년 우리 동학농민군 지도자가 전라남도 진도에서 일본군들에 의해 목이 잘린 채 일본으로 끌려갔다. 목이 잘려 일본땅으로 끌려가면서 얼마나 억울했을까. 생각하면 생각할수록 가슴이 시리고 분하고 억울하다. 그때 끌려간 시신이 1995년 일본 홋카이도대학 표본창고에서 발견되어 국내로 반입했으나 지금까지 전주역사박물관 수장고에 방치되었다니 가슴 아픈 일이다.

동학농민운동은 1894년 부패한 관리와 양반들의 횡포에 시달리던 농민들이 사회개혁을 주장하며 일으킨 운동이다. 우리 조정에서는 동학농민들의 주장를 받아들여 개혁할 생각은 하지 않고 청군과 왜군들을 끌어들여 관군과 합세하여 동학군들을 진압했다. 진압하는 과정에서 동학군들을 무참하게 살해했다, 죽은 시신도 관군과 왜군들의 눈길이 무서워 수습할 길이 없었다. 동학농민운동을 하다 관군과 왜군들에 의해 살해당한 수많은 원혼들이 120년이 넘도록 구천을 헤매고 있음은 너무도 슬픈 일이다. 다행히 목숨을 부지한 사람들은 관군과 왜군울 피해 고향을 등지고 떠돌이생활을 해야 했다. 떠돌이생활을 하며 지하로 숨어들어 일제강점기에는 자연스럽게 독립운동을 하게 되었다. 이러한 연유로 조선시대에는 물론 일제강점기 때도 동학에 참여했던 사람들은 역도로 몰려 고향을 등지고 떠돌아다녔다. 가장이 가사를 돌보지 못하고 관군과 왜군들에 쫓겨 다니다 보니 가족들의 생활은 가난을 면치 못했다. 가난보다도 관군과 왜군들의 냉대와 감시의 눈초리가 더 무서웠을 것이다.

광복 후에도 친일파들을 척결하지 못하여 달라진 게 없었다. 오히려 친일파들이 정권을 잡고 동학에 참여했던 후손들을 핍박했다. 학생들을 가르치는 교과서에까지 동학농민운동을 동학란이라 했다. 그러니 동학의 후손들은 광복 후에도 역도들의 후손으로 살아야했다. 친일한 사람들의 후손들은 부자로 살면서 교육도 잘 받아 좋은 직장에 취직하여 부와 권세를 누리고 살고 있다. 그러나 동학농민운동가들이나 독립지사들의 후손들은 가난을 대물림하여 교육도 제대로 못받아 지금도 대부분 밑바닥 인생을 못 벗어나고 있는 실정이다. 가난의 대물림이 얼마나 처절한지는 당해 보지 않은 사람들은 실감할 수 없을 것이다. 가난의 대물림! 우리 모두 곰곰이 생각해 볼 문제다.

일본군에 의해 처형되어 목이 잘린 채 구천을 떠돌던 동학농민군 지도자의 유골을 전주시에서 안장한다는 언론 보도를 보고 무척 반가웠다. 전주시장은 유해를 안장하는 데 그치지 않고 묘역을 역사공원으로조성할 계획이라니 큰 박수를 보내야 할 일이다. 그간 구천을 떠돌며 방황하던 영혼들이 이제야 안식처를 찾았으니 전주시 행정에 고마워할 것이다. 역시 우리 고장은 충효의 고장이다. 동학농민운동을 하다가 억울하게 죽어 시신도 수습하지 못했던 영혼들이 이제야 편히 잠들 수 있게 되어 여간 다행한 일이 아니다. 동학농민운동과 관련된 문제해결을 위해 우리 전라북도와 시 · 군이 힘쓰고 있지만 사실은 중앙정부에서 앞장서야 할 일이다. 정치권에서는 동학농민운동과 관련된 사업들을 중앙부처에서 관심을 갖고 앞장서 추진하도록 노력해야 할 일이려니 싶다

(2015. 2. 21.)

# 대통령 후보들의 거짓말

사람이 살다 보면 마지못해 거짓말을 해야 할 때가 더러 있다. 때에 따라서는 적당한 거짓말은 필요하다, 결혼식장에서는 별로 예쁘지 않은 신부에게도 예쁘다고 해야 한다. 어린이들에게도 마찬가지다. 어린이들에게는 너 정말 예쁘고 총명하게 생겼구나. 커서 훌륭한 사람이 되게 생겼다는 말은 거짓말이라기보다는 덕담이다. 국가간에도 외국에 파견된 외교관이 우호 선린을 위해 정보를 은폐하거나 애매모호하게 흐리는 행위는 거짓말이라 해도 애교로 봐주는 경우가 많다. 이런 정도의 거짓말은 국가간 우호 증진을 위해 도움이 될 수도 있기 때문이다. 하지만 대통령 후보들이 국민들을 상대로 한 거짓말은 용납해선 안 된다. 엄격하게 말하자면 대선 공약은 국민과의 약속이다. 지키지 못할 공약이나 지킬 의지가 없는 공약을 남발하는 행위는 대 국민 사기극이다. 우리들은 그간 선거 때 후보자들이 유권자들을 상대로 한 거짓 공약엔 관대했었다. 실현 가능성이 없거나 추진하고 싶지도 않은 공약을 내걸어도 별로 꼼꼼히 따져 보지도 않고 표를 몰아줬다. 그러나 이제는 달라져야 한다.

지난 9년간 우리 국민들은 이명박 대통령과 박근혜 대통령의 교언영색巧言令色에 속아 큰 시련을 겪었다. 2007년 이명박 후보는 7 · 4 · 7공약을 했다. 경제성장률 7% 국민소득 4만 달러 세계 7위의 경제대국을 만들겠다는 무지갯빛 공약으로 국민들을 속여 대통령이 되었다. 2012년 박근혜 대통령은 경제민주화, 양극화 해소, 재벌개혁 등을 내걸어 국민들의 환심을 샀다. 대통령이 된 뒤 행적은 어떠했는가? 경제성장, 경제민주화, 재벌개혁 추진 의지도 엿볼 수 없었다. 오히려 역행했다. 우리 국민들은 교육 수준도 높고 현명한데도 연속 두 번이나 대통령 후보들의 거짓에 속았다. 이제는 우리 국민들 모두 냉정하고 현명해졌다. 대통령 후보가 아닌 현직 대통령의 거짓말에도 속지 않은 촛불 민심을 바라보며 우리 국민들의 눈높이가 지구상 어떤 선진국민들보다도 높다는 사실을 실감했다.

요즘 대통령 선거를 앞두고 후보들의 토론하는 모습을 보면 상대방 후보를 향해 막말도 서슴지 않는다. 대통령을 해보겠다는 사람이 할 말은 아니란 생각이 든다. 입에 담기 부끄러운 험담이나 검증도 안 된 말들도 난무하다. 너무 유치하고 한심스러운 말들이 많다. 하지만 유권자들을 향해서는 웃음 띤 얼굴로 허리를 굽히며 두 손을 모으고 악수를 하는 모습을 보면 우리나라가 민주국가임이 실감난다. 오늘(2017년 4월 17일)부터 대통령 선거운동이 시작되는 날이다. 후보들의 공약내용을 살펴보니 희망적이어서 좋았다. 촛불민심의 현장에서 이슈로 등장했던 정경 유착 근절, 검찰개혁, 방송개혁, 격차해소 같은 사안들이 뒤로 밀려 아쉽다. 후보들도 고민을 많이 한 흔적은 보인다. 표를 의식하여 일자리 창출, 공정한 사회, 국가안보 같은 공약들이 주로 앞자리를 차지하고 있다. 공약을 실현할 재원 마련 같은 민감한 사안은 대부분 후보들이 언급조차 없어 걱정스럽다. 후보들이 내건 공약들이 실현되고 대통령이 되어서도 선거운동 때처럼 국민들 뜻을 잘 받드는 정치를 한다면 살기좋은 나라가 될 것이란 희망이 보인다.

이제는 국민들의 책임이다. 후보들을 냉정하게 평가하여 좋은 대통령을 뽑을 일만 남았다. 반드시 투표장에 나가 표로 심판해야 한다. 투표에 참여하지 않은 국민들은 주권을 포기한 사람들이다. 주권을 포기한 사람들은 정치에 대한 불평 불만을 늘어 놓을 자격이 없다는 사실을 알아야 한다. 이번 대통령 선거에서 거짓말 하지 않을 참다운 후보를 대통령으로 선출하여 국민 모두가 새로운 희망이 넘치는 행복한 나라가 되었으면 좋겠다.

(2017. 4. 17.)

# 해마다 3월이면

나의 고향은 전라북도 임실군 운암면雲巖面이다. 이름만 들어 봐도 산골짜기임을 알 수 있다. 산골짜기 바위에 구름이 걸쳐 있고, 강은 산을 휘감고 굽이굽이 흐른다. 흐르는 강줄기를 막아 인공호수가 만들어졌다. 호수의 물이 옥구슬처럼 맑고 깨끗하다 하여 옥정호라 부른다. 이른 아침 호수에서 피어오르는 물안개는 사진작가들의 마음을 사로잡은 지 오래다. 국사봉 중턱에서 내려다보이는 붕어섬의 새벽 물안개가 피어오르는 풍광은 태고의 신비를 연상케 한다. 금방이라도 용이 승천할 것 같고, 신선과 선녀들이 내려올 것 같은 생각도 든다. 물안개가 피어오르는 신비스런 풍치를 카메라에 담고자 전국의 많은 사진작가들이 모여든다. 이른 봄부터 가을까지 인근의 숙박시설 예약이 어렵다고 한다. 호반의 둘레길과 순환도로는 걷기 좋고 자동차 드라이브 코스로도 이름이 널리 알려져 4계절 청춘남녀들의 사랑을 받는 데이트 코스다. 경치도 아름답지만 산과 골짜기마다 전해 오는 전설도 풍성하고 맛집도 많다. 산골짜기를 굽이돌아 흐르는 강가의 농토는 비옥하여 살기 좋은 고장이다. 인심도 순박하고 자손들 교육에도 관심이 많아 인재도 많이 배출되었다. 동학농민운동 최승우 대접주와 김영원, 한영태, 최봉상 등 세 분의 독립열사를 배출한 고장이기도 하다.

내 고향 초등학교 앞에는 동학혁명, 3 · 1운동, 무인멸왜운동 등의 기념비가 있다. 이곳에선 해마다 3 · 1절이면 독립만세를 부른다. 올해도 동학농민운동, 3 · 1 독립만세 참여자 유가족들과 운암면 주민들이 3 · 1절 기념식을 갖고 독립만세를 부르며 시가행진을 했다. 시가행진을 할 땐 운암면 농악단이 앞장서고 흰 두루마기를 입고 머리띠를 두른 참여자들이 양손에 태극기를 들고 독립만세를 부르며 뒤를 따른다. 독립만세 삼창은 김영원 열사 후손이 선창했다. 친일파들은 독립만세의 함성이 두렵겠지만 독립운동가 후손들은 해마다 3월 1일 독립만세를 목이 터져라 부르고 나면 1년 내내 쌓였던 스트레스가 확 풀린다고 한다. 한영태 열사와 최봉상 열사는 후손이 없다. 참 안타까운 일이다. 동학농민운동이나 독립운동가들은 관군과 왜경에 쫓겨 다니며 가사를 돌보지 못했다. 가족들도 일본인들의 감시와 핍박을 받으며 생업도 제대로 영위하기 어려워 가난이 대물림되었다. 후손들 교육도 제대로 시키지 못해 인재도 끊겼다.

동학혁명은 122년이 되었고 3 · 1운동은 100년이 다 되어간다. 그때 우리 증조할아버지들은 독립만세를 부르셨다. 당신들은 당장 핍박받고 목숨을 잃을지언정 빼앗긴 나라를 찾아 후손들이 잘 살게 하려는 마음이었을 것이다. 그런데 광복된 뒤에도 친일파들이 정권을 잡고 친일 청산은커녕 오히려 동학혁명과 독립운동가들을 핍박했다. 학교에서 가르치는 국정교과서에까지 동학혁명을 동학란이라 가르쳤다. 동학혁명 참여자 후손들은 역도들의 후손이 되어 숨을 죽이며 기가 죽어 살아야 했으니 억울한 일이다. 우리 형제들은 2008년 5월 20일 동학농민혁명참여자명예회복심의위원회 위원장으로부터 동학농민혁명참여자의 유족등록통지서를 받았다. 상대적으로 친일파 후손들은 좋은 환경에서 교육도 잘 받고 재산까지 물려받아 지금도 우리 사회를 주름잡고 활개치며 잘 산다. 그 모습을 보면 한숨이 절로 난다. 더욱 가관인 것은 지금도 친일파들은 기회만 있으면 어떻게든 친일을 미화하려 한다. 역사를 왜곡하려 드는 친일파들은 명심해야 할 것이다. 만약 역사를 왜곡하려들면 지하에 계신 독립운동가들이 언제라도 벌떡 뛰어나와 응징할 것이다. 우리 고향 사람들은 해마다 3월이면 대를 이어 독립만세를 부르리다.

(2017. 3. 1.)

# 영화, 변호인

아내와 함께 모처럼 영화를 봤다. 아내는 영화를 보는 내내 많이 울어서 눈이 통통 부었다고 한다. 여기저기서 한숨소리와 울먹이는 소리가 간간이 들렸다. 옆에 앉은 50대 아주머니도 가끔 눈물 울 훔치는 것 같았다. 영화「변호인」은 노무현 대통령이 변호사 시절 부림사건의 변호인으로 활동했던 내용을 그린 영화다. 요즘 전화를 받으면 변호인 영화를 봤느냐고 안부처럼 묻는 친구들이 많다. 2013년 12월 18일 개봉하여 2014년 1월 4일 누적관객 739만 5041명을 기록했다고 한다. 영화진흥위원회 영화관 입장권 통합전산망 기준이라 하니 정확한 통계일 것이다. 왜 이 많은 관객들이 영화관으로 몰리는지 곰곰 생각해 볼 일이다. 노무현 대통령을 벼랑으로 내

몰고 손바닥으로 하늘을 가리려 했던 사람들은 아마 밤잠을 설치며 마음이 무거울 것이다.

2008년 4월 26일 행촌수필 회원들과 함께 봉화마을에 갔을 때의 정경이 생각난다. 노무현 대통령은 임기를 마치고 고향 봉화마을로 귀향하셨다. 재벌 언론들은 봉화마을에 엄청나게 많은 국고를 낭비하며 사저를 지었다고 떠들어 댔다. 그러나 그곳에 가서 직접 본 사람들은 재벌언론의 허위보도를 실감하고 혀를 내둘렀다. 보는 사람들마다 이구동성으로 전직 대통령이 살기에는 오히려 부족하다고 했다. 재벌언론들이 얼마나 우리 국민들의 눈과 귀를 혼란스럽게 만드는지 실감할 수 있었다. 전직 대통령이 고향마을 사람들과 어울려 살아가는 순박한 모습을 보기 위해 전국 방방곡곡에서 많은 인파가 몰려들었다. 전직대통령의 귀향을 환영한다는 현수막과 관광버스가 장사진을 이루었다. 평일에는 3,000여 명 주말이나 휴일에는 5~6,000여 명이 찾아온다고 했다. 고향에 내려온 지 두 달 정도 되었는데 그간 30여만 명 정도가 다녀갔다고 했다. 그 많은 사람들이 다녀갔어도 탁자나 마이크 시설도 없었다.

우리 일행은 노무현 대통령 사저 앞에서 “대통령님 나와 주세요!” 하고 모두 큰 소리로 외쳤다. 잠시 뒤 노무현 대통령께서 카우보이 모자를 쓰고 점퍼 차림으로 농촌의 마음씨 좋은 아저씨처럼 밝게 웃고 나오셨다. 그곳에 모인사람들 모두 함성을 지르며 박수로 반겼다. 대통령께서는 나오셔서 정겨운 이웃집 사람들과 이야기하듯 “어디에서 오셨어요?” 하고 일일이 묻기도 하고 그곳에는 나의 친구도 산다며 돌아가시거든 안부 좀 전해달라는 말씀도 하셨다.

자연스런 대화들이 오고갔다. 어떤 사람은 오늘은 왜 권양숙 여사는 안 나오셨느냐며 권양숙 여사의 안부를 묻기도 했다. 시골 장터에서 오랜만에 만난 이웃동네 아저씨와 대화하는 풍경을 연상케 하는 정겨운 모습이었다. 경향 각지에서 온 사람들은 모두 감격해 하고 즐거워했다.

TV에서도 동네사람들과 어울려 들판에서 못자리를 하며 막걸리도 함께 마시고 손주를 자전거에 태우고 마을길을 오가는 모습을 보여주기도 했다. 전직대통령이란 권위를 내려놓고 고향 농촌마을에서 이웃들과 한가롭게 살려고 했던 대통령이 불행하게 떠나시던 날, 많은 국민들은 슬퍼했다. 그때의 추모 열기가 눈에 선하다. 변호인 영화를 보고 나오면서 소외받고 가난한 서민들과 함께했던 노무현 대통령이 아주 떠나진 않았음을 알았다. 사필귀정事必歸正이란 사자성어가 생각난다.

# 언론과 촛불민심

2016년 4 · 13 총선이 끝난뒤 친구들과 술을 마시며 요즘은 종편을 봐도 재미가 있다고 했더니 이구동성으로 맞는 말이라고 해서 한바탕 즐겁게 웃었다. 사실 그간 우리나라의 언론들은 정권과 가진자들의의 나팔수로 전락했었다. 신문보다는 방송매체의 편향 보도가 더욱 심했다. 다행히 손석희 앵커가 진행하는 JTBC의 생수 같은 뉴스 시간이 있어 다소나마 위안을 받았다. 우리 친구들은 뉴스는 JTBC만 시청한다고 했다. 특히 선거기간 중에는 다른 방송은 보고 싶은 생각이 없었다. 시도 때도 없이 북한군의 불을 뿜는 사격장면과 미사일 발사광경 탈북자 관련 뉴스를 경쟁적으로 보도하여 눈살을 찌뿌리게 했다. 야당 후보들은 조금만 흠이 발견되면 벌떼같이 달려들어 두들겨 패고 집권당 후보들의 흠결은 보이지 않는지? 집권당이 과반은 물론 개헌선을 넘게 차지할 것이라 예상했다. 여론조사도 조작했거나 여당이 유리하도록 질문하여 조사한 것이 아닌가 하는 의심이 들기도 했다.

집권당의 친박 진박 비박 탈박 타령, 박근혜 대통령이 빨간색 옷을 입고 선거에 민감한 지역을 순방하는 모습, 언론사들의 편향성 보도에 국민들이 분노했다. 그리고 행동으로 옮겼다. 그간 정치에 무관심했던 유권자들이 이래서는 안 되겠다 싶어 적극적으로 투표에 참여하여 선거 혁명을 이루어냈다. 4 · 13 총선결과 새누리당 122석, 더민주당 123석, 국민의당 38석, 정의당 6석 무소속 11석, 절묘한 신의 한수였다. 4 · 13 총선이 끝난뒤부터 언론이 변하기 시작했다. 언론의 보도 태도가 달라지더니 결국 최순실 국정농단 게이트가 불거졌다. 시중에 떠도는 소문이 사실로 밝혀져 국민들을 분노케 했다. 우리나라 권력 서열 1위가 최순실이고 박근혜 대통령이 3위라는 시중의 소문이 거짓이 아니었다. 국무위원을 비롯한 고위공직자들의 인사, 경제, 문화예술, 체육분야까지 국정 구석구석 최순실의 그림자가 어른거렸다. 그간 언론이 정론직필했다면 진즉에 밝혀졌을 것인데 예전에는 언론이 정권의 눈치를 보느라 손을 놓고 있는 사이 사태를 더욱 키운 꼴이 되었다. 참 안타까운 일이다. 언론만 탓할 일도 아니다. 대통령을 보좌한 고위공직자들과 친박임을 내세우며 거들먹거렸던 정치인들의 작태는 더더욱 용서해서는 안 될 것이다.

그간 언론은 낯 간지러울 정도로 박근혜 대통령을 칭송하기에 바빴다. 언론에서 박근혜 대통령과 최순실 관련 보도가 연일 이어졌다. 언론의 바른 보도가 얼마나 중요한 것인지 실감이 났다. 바른 언론 보도를 보고 국민들이 행동으로 옮겼다. 국민들이 자발적으로 촛불을 들고 거리로 나섰다. 결국 국민들은 박근혜 대통령의 탄핵을 이끌어 냈다. 국회도 국민들의 촛불민심에 손을 들어줬다. 국회의 표결 결과는 국회의원 300명 중 234명이 탄핵에 찬성했다. 반대 56명 기권 2명 무효7명 불참 1명이었다. 이번 탄핵은 언론과 국민들의 합작품이다. 언론과 국민의 승리다. 촛불 집회에 참여하여 시민들과 함께 소리 높여 박근혜 대통령의 탄핵을 외쳤다. 2002년 월드컵 응원 때 만큼이나 우리 국민들이 자랑스럽게 느껴졌다. 100만이 넘는 인파가 모였다 헤어진 자리엔 쓰레기가 하나도 눈에 띄지 않았다. 많은 사람들이 모이면 으레 군중심리에 의한 불미스런 사태가 발생할 수도 있을 법한데 아무런 불상사도 없었다. 참여자 모두가 축제에 참여한 기분으로 시위를 하는 모습에 스스로도 놀라고 국민들도 놀랐다. 선진국 국민들도 한국의 성숙한 시위문화에 모두가 놀랐다고 한다.

집회에 참여하여 아는 사람을 만나면 반가웠다. 처음 만난 사람들끼리도 뜻을 같이한 사람들이어서인지 모두 정겹게 느껴졌다. 시위에 참여한 사람들은 평소 잘 아는 사람들처럼 스스럼이 없었다. 서울에 사는 아들들에게 문자 메시지를 보냈다. 토요일이면 광화문에 나가 나라를 바로세우는 데 참여하고 아이들 사회교육도 시키라했다. 요즘 대통령 탄핵으로 정국이 어수선해서 걱정이 되기는 하지만 이 걱정과 아픔이 우리나라의 정치와 경제가 한단계 도약할 수 있는 전기가 될 것이라는 생각이 든다. 다소의 아픔이 있더라도 다시는 최순실 게이트같은 작태가 재발하지 않도록 철저하게 원인을 규명하여 연루자는 일벌백계로 처벌해야 한다. 정치인들과 고위 공직자들은 뼈를 깎는 자성을 해야 할 것이다. 언론은 권력과 재벌들의 품에서 벗어나 권력과 재벌은 물론 사회전반에 대한 감시자로서의 첨병 역할을 다할 때 국민들로부터 신뢰를 회복할 수 있을 것이다. 만약 언론이 다시 옛날의 행태로 되돌아간다면 민심은 언론을 향해 촛불을 들 것이다. 하루빨리 탄핵정국을 마무리짓고 나라가 바로서기를 바라는 마음 간절하다.

(2016. 12.)

# 남루해진 공직자들의 영혼

공무원들은 영혼이 없다고 하더니, 요즘엔 영혼이 남루해졌다는 소리조차 자주 듣는다. 참 가슴 아픈 현실이다. 이런 소리를 들을 때면 평생 마시던 우물이 더러워져 못 먹게 됐다는 말을 듣는 심정이다. 마음 한구석이 허전하고 씁쓸하여 마음을 달래기 힘들다. 정권이 바뀔 때마다 전 정권과 차별화하는 과정에서 공직자들이 희생양이 되곤 했다, 군사정권 시절에는 더욱 심했다. 하지만 문민정부 들어서는 전문성을 내세우며 영혼을 지키려고 노력하는 공직자들을 부당하게 내치고 핍박하는 일은 많지 않았다. 이명박, 박근혜 대통령 때는 영혼을 지키려는 공직자들의 영혼을 사찰하고 감시하고 감찰하기도 하고 내몰기까지 했다.

공직자들의 영혼이 없다고 하고 남루해지기 시작한 건 이명박 정권 초기부터였다. 공직사회에 고소영, 영포라인, 만사형통과 같은 각종 신조어들이 난무했다. 승진을 하려면 고려대, 소망교회, 영남 출신이거나 형님에게 줄을 서야 한다는 은어들이다. 인사가 만사라는데 이렇게 편중된 인사로 공무원 조직을 휘두르니 공직자들의 몸과 마음이 피폐해질 수밖에. 특정지역 출신들을 줄 세우는 인사는 정말 억울하기 짝이 없는 일이다. 특정지역에서 나고 자란 것은 본인의 뜻이 아니다. 고려대를 다니고 소망교회를 다니고 형님한테 줄을 서지 않은 것과는 다른 차원이다. 그런데도 특정지역 출신이라는 이유만으로 인사에 불이익을 받는 것은 정말 억울한 일이다. 이명박 정부 출범 당시 인수위원들은 전쟁에서 승리한 점령군처럼 행세했었다. 공무원 조직을 승리한 점령군의 노획물로 생각하는 것 같았다. 지렁이도 밟히면 꿈틀거린다고 했다. 오죽하면 전국 공무원노동조합에서 이명박 대통령 불신임안을 표결하려는 소동까지 벌어졌겠는가?

영혼이 깨끗하지 못한 대통령의 적극적인 후원으로 당선된 박근혜 대통령은 한층 더했다. 박근혜 대통령 취임 직후부터 믿고 싶지 않은 소문들이 떠돌았다. 우리나라 권력서열 1위가 최순실이고 박근혜 대통령이 3위라는 소문이었다. 그것은 거짓이 아니었다. 최순실의 말 한마디면 중앙부처 국 · 과장은 물론이고 국무위원 인사까지 결정되었다고 하니 공직자들의 처지가 얼마나 비참했을까? 한숨이 절로 난다. 특히 전북 출신들에게 이명박, 박근혜 정권 9년은 암흑기였다. 장관이나 차관 인사 때마다 행여나 하고 기다리다 한

숨만 쉬었다. 중앙부처의 각급 승진인사에서도 철저하게 배제되었다. 박근혜 대통령은 공무원들의 영혼뿐만 아니라 국민들과 태극기 마저도 남루하게 만든 대통령이란 생각이 들었다. 촛불집회에 맞서 박근혜 대통령 탄핵을 반대하는 사람들이 들고 나온 태극기를 보면서 착잡했다. 태극기에 대한 존경심과 신성함이 떨어져버린 느낌 마저 들었다. 국경일에도 태극기를 게양하고 싶은 생각이 나지 않았다. 나만의 생각은 아닌 듯싶다. 지난 9년은 우리나라가 역주행한 세월이었다.

윗물이 맑아야 아랫물도 맑은 법이다. 부도덕한 정권에 오염되어 나라가 전반적으로 부패와 부조리로 얼룩졌다.

촛불 민심으로 새로운 정권이 탄생하여 변화의 바람이 불고 있다. 공직사회도 새로운 영혼을 되찾으려면 공직자들 모두가 뼈를 깎는 아픔을 감수하고 혁신해야 한다. 공무원 조직이 하루빨리 사악한 정권에 오염되어 남루해진 영혼을 맑고 깨끗한 영혼으로 탈바꿈하여 국민들로부터 신뢰와 사랑을 받으면 좋겠다.

# 3부

# 은발銀髮의 단상

거울에 비친 은발의 모습이 왠지 낯설지가 않다. 60세까지만 해도 흰머리가 서릿발 같아 감추고만 싶었는데 고희를 넘긴 지금은 은발이 인생의 계급장 같아 빛나 보인다. 고희란 두보의 '곡강시'에서 비롯된 말로 옛날부터 70세까지 살기가 드문 일이라는 뜻이다. 두보가 활동하던 1200년 전에는 70세면 오래 산 나이지만 지금은 평균 수명에도 훨씬 못 미치는 나이다. 그래도 70이 넘으면 달마다 늙는다고 한다. 갈 길이 그리 멀지 않은 나이다.

고희는 인생 4계절 중 가을이다. 해 질 녘의 저녁노을 곱게 물들어가는 단풍잎과 비교된다. 가을 산에 올라 일렁이는 황금들판을 바라보면 이른 봄부터 농부들이 씨뿌리고 가꾼 땀의 결실들이 풍요롭다. 가을은 수확의 기쁨도 크지만 왠지 마음 한편이 허전해지는 계절이다. 가을밤에는 유난히 구슬프게 우는 풀벌레 소리, 귀뚜라미 울음소리, 가랑잎 구르는 소리들이 가슴을 파고들며 옛 추억을 떠 올리게 한다.

그래서 가을은 사색의 계절이며 홀로 사는 사람들의 옆구리를 더욱 시리게 하는 계절이다. 붉게 물든 가을의 저녁노을은 한낮의 태양보다 더 뜨겁게 이글거린다. 하지만 얼마 지나지 않아 어둠에 묻힐 것을 생각하면 허망하다. 아름답게 물든 단풍도 머지않아 나무와 작별을 하고  뿌리로 돌아갈 준비를 하고 있다.

가을바람이 불 때마다 우수수 떨어지는 단풍잎들을 보면 많은 생각을 하게 한다. 봄부터 같이 지내던 어미나무와 이별의 아쉬움이 있을 법한데 아쉬움은 찾아보기 어렵다. 그들은 이미 이별의 약속이 있었던 것 같다. 마치 즐거운 파티에라도 가려는 모습으로 곱게 차려입고 소슬한 가을바람의 반주에 맞춰 춤을 추며 작별한다. 그간 꼼짝 못하고 한곳에서 매달려 지낸 한을 풀려는 듯 사방으로 너울너울 춤을 추며 유유자적 한다.

낙엽의 모습은 마치 여행을 떠나는 방랑자를 연상케 한다. 고추잠자리와 경쟁이라도 하듯 공중제비를 돌다가 어디론가 가버리는 녀석들도 있다. 제 갈 길을 찾지 못하고 자동차가 범람하는 도로 위를 뒹구는 처량한 녀석들도 있다. 얌전한 새색시마냥 한눈도 팔지 않고  사뿐히 뿌리로 내려앉아 효심을 다하려는 듯 알몸이 된 나무의 뿌리를 감싸는 모습은 너무도 아름답다.

낙엽들이 바람에 날려 뿔뿔이 흩어지는 것 같아도 제 뿌리에 내려앉은 낙엽들이 참 많다. 그래서 낙엽귀근落葉歸根이라 했나 보다. 계절마다 낙엽과 나이 들어가는 내 인생을 동일시하며 때로는 울적해 한다. 하지만 시들어 떨어지는 낙엽의 몸짓은 얼마나 고맙고 성스러운 것인가. 그 몸짓을 생의 소멸로만 읽어온 내 사색이야말로 얼마나 얄팍한 것인가.

낙엽은 봄과 여름엔 푸르름과 녹음으로 산에 아름다운 풍경화를 그린다. 가을이면 노랑, 빨강으로 멋진 수를 놓기도 한다. 그리고 뿌리에 내려앉은 낙엽들은 뿌리를 감싸주고, 알몸으로 엄동설한을 외롭게 보내는 나무들에게 따뜻한 이불이 되어 준다. 또한 내년 봄이면 새싹을 틔우는 데 필요한 영양을 공급해주기도 한다. 이렇게 낙엽이 자기의 역할을 다하고 사라져가는 모습을 보면서 자연의 오묘한 섭리에 찬사를 보낸다.

어린 시절에는 곱게 물든 단풍잎을 책갈피에 끼워 두었다가 친한 친구에게 보내는 편지에 넣어 보내기도 하고 창문을 바를 때 같이 붙여 놓았던 생각이 난다. 나도 낙엽처럼 살고 싶다. 멋있고 아름다운 무늬를 그리며 살고 싶다.

2018년. 가을

# 아름다운 호수 옥정호

옥정호는 1965년 임실군 강진면 용수리에 다목적으로 축조된 섬진댐으로 만들어진 호수다. 호수의 물이 구슬처럼 맑고 깨끗하다 하여 붙여진 이름이다. 옥정호를 바라보면 맑고 깨끗하여 목마를 때면 마구 퍼 마시고 싶은 생각이 든다. 샘물에서 이른 새벽 피어오르는 물안개가 연상되기도 한다. 옛날 샘물을 식수로 사용하던 시절, 이른 아침 맑은 샘에서 물안개가 피어오를 때 마침 아침 햇살이 비치면 그 모습은 참 아름다웠다. 지금은 샘이 모두 없어져 볼 수 없는 풍경이다. 옥정호는 옛날 샘물 모습 그대로다. 국사봉 중턱에서 아침 물 안개가 피어오르는 옥정호의 모습을 바라보노라면 옛날 샘물에서 피어오르는 물안개의 모습과 똑같다. 전국의 사진

작가들은 이 환상적인 옥정호의 물안개 풍광을 담으려고 사계절 줄지어 찾아온다.

섬진댐은 우리나라 최초의 다목적 댐이다. 섬진댐은 홍수조절과 농업용수 확보를 위해 축조했으나 지금은 상수원으로도 사용한다. 섬진댐 주변은 자연경관이 수려하다. 국사봉과 나래산을 끼고 흐르는 물줄기는 굽이굽이마다 절경이다. 전설과 설화가 많이 전해오고 있어 이야깃거리도 많다. 붕어 · 잉어 · 메기 · 초어 · 날치 · 빙어 · 눈치 · 자라 · 새우 · 가재 · 가물치 · 쏘가리 · 뱀장어 · 꺽조기 · 피라미 · 납조리 · 떡붕어 · 버들치 등 다양한 종류의 물고기 들이 많이 산다. 옥정호는 고기 반 물 반이라고 소문이 자자하여 낚시를 좋아하는 사람이라면 옥정호를 모르는 사람이 없다. 그 시절 옥정호에서 잡은 물고기는 초고추장에 찍어 날것으로 먹어도 별 탈이 없었다. 지금은 배스가 출현하여 토종 어족들이 수난을 당하고 있다니 걱정이다.

옥정호는 홍수조절, 전력생산, 농업용수, 상수원으로 사용되어 국가발전에는 크게 기여하지만 정작 임실군 주민들에게는 많은 애환만을 안겨 주었다. 댐을 막을 때는 삶의 터전이 물에 잠겨 1,910세대 14,352명의 피해민이 발생하여 대부분 실향의 아픔을 안고 고향을 떠나 뿔뿔이 흩어졌다. 5 · 16 혁명정부에서 나라 발전의 대명제라는 굴레를 씌워 변변히 이주대책도 마련해주지 않고 힘없는 민초들을 희생시켰다. 댐이 완공된 뒤에는 자연환경이 바뀌어 안개가 많이 끼고, 겨울이면 날씨가 춥고 기상변화가 심하여 영농에도 큰 타격을 주었다. 설상가상으로 1999년 8월 상수원 보호구역으로 지정되어 주민들의 삶은 물론 임실군 지역 발전에도 막대한 걸림돌이 되었다. 옥정호의 아름다운 자연경관과 깨끗하고 맑은 물은 지역발전의 밑거름이 될 좋은 자원임에도 중앙정부와 전라북도의 잘못된 정책 결정으로 임실군은 막대한 피해를 입었다. 개발독재시절 큰 것을 위해 작은 것은 다소의 희생이 따라도 개발이 우선이라는 그릇된 논리로 임실군이 희생양이 되었다. 임실군민들은 옥정호로 인해 물질적인 손실도 컸지만 심리적인 스트레스도 많이 받았다.

국민권익위원회의 권고로 전라북도는 지난 8월 7일 옥정호 상수원보호구역을 해제했다고 한다. 늦게나마 다행한 일이다. 임실군 주민들은 그간 지역발전의 걸림돌이 되었던 옥정호가 발전의 디딤돌로 바뀌었으니 크게 환영하는 모습이다. 옥정호는 개발 잠재력이 많은 곳이다. 상수원 보호구역 해제와 더불어 중앙정부와 전라북도는 그간 피해를 당한 임실군민들의 마음을 따뜻하게 어루만져 줄 지원책도 마련해야 한다. 옥정호 주변에 사는 주민들은 깨끗하고 맑은 물이 유지되도록 지속적으로 노력하여 옥정호가 전 국민들로부터 사랑받는 아름다운 호수가 되었으면 좋겠다.

(2015. 8. 15.)

# 봄이면 가고 싶은 곳

해마다 봄이면 가고 싶은 곳이 있다. 임실군청에 근무하던 시절, 해마다 봄 마중을 갔던 곳이다. 다른 계절은 마중하고 싶은 마음이 없는데 유독 봄이 기다려지는 계절이다. 봄이 어디쯤 오고 있는지 궁금하여 마중을 갔던 곳이, 임실군 덕치면 구담마을이다. 구담마을은 우리 고향의 관촌, 임실, 신평, 신덕, 운암, 청웅, 강진, 덕치면 등 8개 면의 산골짜기와 들을 두루 돌고 돌아 흐르는 섬진강 줄기의 끝자락에 있다. 우리 고장의 봄은 구담마을의 매화꽃이 피면서 시작된다. 봄이 제일 먼저 찾아오기도 하지만 경치도 아름답고 옛 정취가 물씬 풍기는 마을이다. 그곳에서 이광모 감독이 「아름다운 시절」이란 영화를 촬영했다. 영화 아름다운 시절은 6 · 25를 배경으로 한 영화다.

거기에는 보릿고개도 있고, 초가집과 동네 앞 정자나무 밑에서 맨발로 뛰놀던 개구쟁이들도 있다. 옛날 방앗간도 있고 닥무지를 하는 풍경도 있다. 냇가에서 동네 아이들이 삼베잠방이를 입고 맨손으로 고기를 잡는 모습도 볼 수 있다. 지금은 환경이 바뀌어 그런 모습들은 찾아볼 수 없다. 지금마을 앞동산에 영화촬영 기념비가 있다. 지난날의 추억은 어떤 것이든 아름답게 느껴진다. 그 윗동네 진뫼마을에는 김용택 시인이 살고 있다. 김용택 시인의 집이란 간판이 있어 찾아 가기도 쉽다. 김용택 시인은 초등학생부터 노인들에 이르기까지도 우리 국민들의 사랑을 받는 시인이다. 김용택 시인을 보면 때 묻지 않고 순수하고 덥수룩한 옛날 농촌의 마음씨 좋은 아저씨가 연상된다. 그는 효자 시인이기도 하다. 어린 시절 어머니가 하신 말씀은 모두 시가 되었다는 김용택 시인의 말은 많은 사람들에게 회자되고 있다. 김용택 시인이 사는 동네는 살기 좋은 곳이다. 동네 뒤로 산이 있고 앞에는 전답이 있다. 전답 앞으로 섬진강이 흐르고 강 건너편에는 산들이 병풍처럼 둘러싸고 있다. 강변 한쪽에는 아름드리 정자나무가 있다. 김용택 시인이 심었다는 정자나무도 무성하게 잘 크고 있다. 냇가에는 징검다리도 있어 옛 정취를 느끼게 한다. 징검다리를 건너다 보면 물고기들이 노니는 모습을 볼 수 있다. 물고기의 종류도 다양하다. 강물에 사는 물고기의 종류는 다 볼 수 있다. 요즘 보기 힘들다는 쏘가리도 볼 수 있다. 다슬기는 정말 많다. 신발을 벗고 강물에 뛰어들어 물고기랑 다슬기를 잡고 싶은 충동을 느낀다. 신발을 벗고 들어가 다슬기를 잡아도 후회하지 않을 것이다. 다슬기가 워낙 많아 금방 한 대접 잡을 수 있으니 말이다. 요즘 김용택 시인이 사는 동네로 경향각지에서 문학기행을 오는 사람들이 날로 늘어난다고 한다. 김용택 시인이 사는 동네는 주변 환경이 문학하기에 좋은 곳이다.

김용택 시인이 사는 임실군 덕치면 진뫼마을에서 천담을 거쳐 구담마을까지 이어지는 길이 문화체육관광부와 한국관광공사에서 전국 지방자치단체를 대상으로 실시한 '걷기여행길 공모사업' 에 선정되었다고 한다. 이 길은 섬진강 문화생태탐방로로 지정된 길이다. 이번 공모사업은 2017년 여행주간을 맞아 먹거리와 볼거리, 체험거리를 비롯하여 지역의 특색 있는 프로그램과 연계하여 추진한다고 한다. 2017년 5월 13일 이 길을 김용택 시인과 함께 걷는다고 한다. 진뫼마을에서 천담을 거쳐 구담까지가 섬진강 걷기 코스 중에서 가장 아름답고 서정이 넘치는 좋은 코스다. 대통령 선거도 끝나고 국민들의 발걸음도 한결 가벼워 많은 사람들이 동참할 것이다. 임실엔 전국 최초로 만든 치즈와 한우 등 먹을거리가 많은 곳이다. 김용택 시인 동네앞 냇가에서 잡은 다슬기탕과 주민들이 직접 캔 산나물도 밥상에 오를 것이다. 김용택 시인과 함께 이 길을 걷고 나면 문인이 아니라도 시나 수필 한두 편쯤 술술 써질 것이다. 임실사람들은 찾아오는 사람들이 깨끗하고 수려한 자연경관과 멋과 맛에 취하고 따뜻한 정을 못 잊어 해마다 봄이면 다시 가고 싶은 곳으로 기억될 수 있도록 세심한 배려를 다해야 할 것이다.

(2017. 4. 9.)

# 옥정호의 명소 양요정兩樂亭

우리나라의 산세가 수려한 계곡이나 강 또는 바닷가에는 고색창연한 정자가 자리 잡고 있다. 정자는 주로 벼슬을 하다가 낙향한 선비나 사대부들이 시골에 살면서 자연을 벗 삼아 학문과 풍류를 즐기려고 지었다. 외국을 여행하다 보면 우리나라의 정자가 있음직한 자리에는 성곽이나 별장이 들어서 있고 높은 담장과 해자까지 둘러쳐 있어 일반인들은 접근할 수가 없다. 우리나라의 정자에는 해자는 물론 담장도 없다. 정자는 주로 낙향한 선비와 지방 사대부들이 학문을 논하고 시를 노래하며 풍류를 즐기는 사교의 장소로 이용하였다. 그러나 누구라도 자유롭게 이용했다. 길 가는 나그네들이 부담 없이 쉬어가기도 하고, 어린이들의 놀이터가 되기도 하며, 거지들의 안식처가 되기도 한다. 때로는 청춘남녀들의 만남의 장소도 되고 마을 청년들의 천렵장소로도 이용된다.

우리 고향 임실군 운암면 입석리 운암강 기슭에는 전라북도 문화재 자료137호로 지정된 '양요정'이란 유서 깊은 정자가 있다. 숲이 우거진 강가의 높은 곳에 있어 무더운 여름날에도 양요정에 오르면 시원한 바람으로 땀이 확 가신다. 옥정호는 호수 전체가 아름 답지만 양요정 부근이 가장 아름다운 명소다. 어린 시절 봄 · 가을 소풍을 가기도 했고, 여름이면 목욕을 하며 물고기를 잡기도 하고, 자연학습도 했던 아름다운 추억들이 겹겹이 쌓인 곳이다. 양요정은 임진왜란 때 삼등공신으로 성균관 진사였던 최응숙이 낙향하여 400여 년 전에 지은 정자다. 최응숙의 호를 따서 양요정이라 했다고 전한다.

*인자요산(仁者樂山) 어진 자는 산을 좋아하고*
*지자요수(知者樂水) 지혜로운 자는 물을 좋아한다*

이 고사에서 비롯되었다고도 한다. 우리는 어린 시절 강가에 있는 정자라 해서 강정江亭이라고 불렀다. 지붕모양과 건축양식은 다른 정자와 별로 다를 바 없으나 가운데에 방을 둔 부분이 독특하다. 정자가운데 들인 방의 벽화에는 일월오봉도의 어가행렬, 친구들과 바둑을 두는 장면, 서책을 앞에 놓고 담소를 하는 모습, 어디론가 여행을 떠나는 풍경들이 생생하게 그려져 있다. 400년의 긴 세월 동안 아름다운 자연과 사람들과의 가교 역할을 한 양요정은 많은 사연과 전설을 안고 있음직하다. 그러나 구전으로 전해오는 특별한 사연이나 전설은 없다. 다만 양요정을 찾아왔던 시인 묵객들이 양요정의 경치를 찬양한 시와 글들의 편액이 여러 점 걸려 있어 양요정의 역사를 말해주고 있다.

양요정은 비가 많이 내려 섬진댐 수위가 높아지면 섬이 되었다가 수위가 내려가면 육지가 된다. 임실군은 양요정 주변을 요산공원으로 지정하여 섬진댐 수몰민들의 애환을 기리기 위한 망향탑과 시비도 세웠다. '아름다운 한국의 길 100선'에 선정된 옥정호 순환도로와 달력에 많이 나오는 붕어섬의 환상적인 물안개 풍경을 사진기에 담으려고 찾아온 관광객들로 양요정은 지금도 사람들의 발길이 끊이지 않는다. 고향 가는 길에 가끔 양요정을 바라보노라면 우리 조상들이 정자에서 시와 학문을 논하고 풍류를 즐기며 살아온 멋과 여유가 느껴진다. 친지들과 이웃은 물론 모든 이들과 더불어 살아온 슬기로운 조상들의 삶의 지혜를 배우고 싶다. 경치 좋은 곳을 찾아 정자를 짓는 우리 조상들의 삶의 철학을 사회지도층이나 돈 많은 재벌들이 배워 후손들에게도 길이길이 물려주었으면 하는 생각이 든다.

(2013. 6. 30.)

# 고향의 봄나물

우리 고향은 섬진강 상류에 있다. 마을마다 앞에는 섬진강이 흐르고 뒤는 산들이 병풍처럼 바람을 막아주어 배산임수 형태로 마을이 형성되어 곳곳마다 명당이다. 경치의 아름다움은 고향의 이름 그 자체가 아름다운 고장임을 말해준다. '운암면雲巖面' 구름이 바위산에 걸려있는 형상이니 산천이 얼마나 아름답겠는가? 옥정호 순환도로 벚꽃길은 한국의 아름다운 길 100선에 선정되어, 봄이면 연인들과 가족들의 드라이브 코스로 좋은 곳이다. 국사봉에서 내려다 보이는 붕어섬은 물안개의 아름다움으로 유명하다. 그래서 전국의 사진작가들이 아름다운 풍광을 촬영하려고 사시사철 끊임없이 찾아온다. 지금은 섬진댐 축조로 물속에 잠겼지만 주로 강 주변에 있던 전답은 비옥하여 농사가 잘되니 먹고 살기 넉넉하여 인심도 좋은 곳이었다. 아름다운 산에는 땡감과 산나물이 많고, 냇가에는 민물고기가 많았다. 한때 옥정호는 물 반 고기 반이라는 소문이 전국적으로 유명하여 낚시를 좋아하는 사람이라면 운암강에서 낚시 한 번 안 해본 사람이 드물다고 했다. 산과 들에는 나물이 많이 난다는 소문이 자자하여 봄이면 전주시를 비롯한 타지 사람들이 산나물을 캐려고 몰려온다.

어머니는 이른 봄에 나물국을 세 번 먹으면 보약 먹는 것보다 좋다고 하시면서 나물국을 자주 끓여 주셨다. 어려서부터 봄이면 나물국을 먹고 자라서인지 해마다 봄이면 냉이가 언제 나오나, 쑥은 얼마나 컸는지 기다려진다. 아내와 나는 봄이면 고향의 산자락과 들녘에서 봄나물을 캐는 것으로 봄을 맞이한다. 겨우내 얼어 붙었던 땅에서 고개를 쏘옥 내밀고 올라오는 봄나물을 보면 귀엽고 예쁘고 신기하기까지 하다. 이른 봄이면 냉이와 쑥을 캐서 국을 끓여 먹으며 봄을 실감한다. 냉이와 쑥은 봄의 전령사다. 봄소식을 제일 먼저 알려주는 대표적인 봄나물이다.

봄이 무르익으면 고사리나 두릅을 꺾기도 하고, 취나물도 캔다. 고사리를 꺾다 보면 시간가는 줄 모른다. 아기손같이 탐스런 고사리를 하나 하나 꺾는 즐거움은 모든 것을 잊게 한다. 고사리는 은폐술이 능하다. 보병학교 교관들은 고사리 꺾는 체험을 하며 고사리의 은폐술을 연구해 보는 게 좋겠다는 생각이 들 정도다. 보호색을 띠는 것은 기본이다. 땅에서 나오면서 머리에 가랑잎을 둘러쓰고 나오기도 하고, 고사목이나 풀잎에 기대어 사람들의 눈을 속인다.

그래서 고사리를 꺾는 데는 상당한 경험과 기술이 필요하다. 앞서 간다고 고사리를 많이 꺾는 게 아니다. 고사리의 은폐술을 어느 정도 터득해야 한다. 가시덤풀 숲에 나뭇잎을 둘러쓰고 숨어있는 탐스런 고사리를 발견하고 고사리를 꺾다가 가시에 찔리고 넘어져도 별로 억울한 줄 모른다. 나물은 먹는 맛도 좋지만 캐는 재미가 더욱 쏠쏠하다. 햇고사리는 생조기와 궁합이 잘 맞는다. 봄철의 계절 음식으로 고사리를 넣고 끓인 조기탕이 일미다. 먹고 남은 고사리는 삶아서 햇볕에 정성껏 말려 제사 때 쓰시라고 큰형님과 큰처남댁에 선물을 하기도 한다. 고사리 꺾기는 일석 삼조다. 산을 오르락내리락하니 운동도 되고, 맛있는 제철 반찬감도 장만하며, 선물까지 하니 말이다. 이래저래 고향의 봄나물은 우리 부부를 행복하게 한다.

나물을 캐다가 잠시 쉬면서 집에서 가져간 매실주를 한 잔 마시고 흥이 나서 흘러간 옛노래를 흥얼거리면 쌓였던 스트레스가 확 풀린다. 아내는 남들이 듣는다고 핀잔이지만 나는 기분이 좋다. 역시 고향의 산천과 봄은 어머니의 품처럼 포근하다. 앞으로도 나는 해마다 봄이면 고향의 봄나물이 나기를 기다릴 것이다.

(2015. 5. 15.)

# 봄 마중

지난겨울의 추위를 생각하면 봄이 늦게 오려니 싶었다. 그러나 매섭던 추위도 계절 앞에서는 어쩔 수 없는 모양이다. 우수 경칩이 지나니 비켜설 것 같지 않던 동장군이 슬며시 자취를 감추고 살랑살랑 봄바람이 불어온다. 봄바람이 불면 괜스레 마음이 설레인다. 이러한 현상은 자연의 섭리인 성싶다. 새 봄이 오면 어린 시절 다정하게 지냈던 친구들이 불쑥 찾아올 것 같은 기분도 든다. 맘이 설레어 어디론가 훌쩍 떠나고 싶기도 하다. 그래서 봄에 마음의 갈피를 못 잡고 왔다 갔다 하는 사람을 빗대어 바람 들었다고 한다. 어린 시절엔 봄이면 도회지를 무척이나 동경했었다. 그래서 무단가출을 했던 적도 있다. 그런데 직장생활을 하면서부터는 봄이면 고향의 봄이 그리웠다.

직장생활을 할 때 이 무렵이면 자주 임실군 덕치면 구담마을 냇가로 봄 마중을 갔었다. 구담마을은 우리 고향 임실을 휘감고 흐르는 섬진강 줄기의 끝자락에 있어 우리 고장에서 봄이 가장 먼저 찾아오는 곳이다. 봄이 가장 먼저 찾아오기도 하지만 경관도 수려하고 옛날의 향수를 느낄 수 있어서 봄 마중하기엔 좋은 곳이다. 그곳에 가면 매화꽃이 일찍 피기도 하지만 옛날 방앗간과 닥무지를 하는 풍경도 볼 수 있었다. 이광모 감독의「아름다운 시절」이란 영화를 촬영한 그곳에는 영화 촬영지 기념비도 있다. 나는 해마다 봄이면 그곳으로 봄 마중을 가 영화 촬영지 기념비 옆에서 끊임없이 흐르는 섬진강 물줄기를 바라보며 봄의 정취를 만끽하곤 했다.

정년퇴직한 뒤 해마다 봄이면 아내와 함께 고향 선산자락을 찾아 성묘도 하고 봄나물을 캐기도 하면서 봄 마중을 한다. 올봄에는 선산자락에 매실나무 아홉 그루를 심었다. 작년에 열 그루를 심었는데 네 그루가 살았다. 해마다 봄이 오면 매실나무들이 잘 자라도록 정성을 다해 보살필 요량이다. 매실나무가 잘 자란들 나에게 도움이 될 일은 없겠지만 봄이면 무슨 씨앗이든 심고 싶은 충동이 일어 봄을 그냥 보낼 수가 없다. 그래서 해마다 봄이면 선산자락에 꽃도 심고 나무도 심는다. 이는 아마 조상 대대로 농사꾼의 후예로 살다 보니 잠재의식에서 비롯된 행동이 아닌가 싶다.

선산자락에서 고향의 봄 풍경을 바라다보니 지난날의 추억들이 주마등처럼 스쳐갔다. 논밭을 가는 농부들의 소 모는 소리와 종달

새의 노랫소리, 제비들의 지저귐도 들리는 듯했다. 논밭두렁의 들쥐 집을 찾아 불을 놓아 들쥐를 잡고, 논밭두렁에 쥐불놀이를 하며 뛰놀던 옛날 생각도 났다. 그러나 상상일 뿐 쟁기질을 하면서 소를 모는 소리, 종달새와 제비들의 노랫소리는 들리지 않았다. 논밭두렁에 불을 지피며 연기에 놀라 허둥대는 쥐를 쫓으며 떠들던 아이들의 소리도 들리지 않았다. 아마 이제는 다시 들을 수 없는 소리가 아닌가 하여 마음 한구석이 허전하기 그지없다.

해마다 찾아오는 봄은 변함 없으나 농촌 들녘의 봄은 옛날의 봄 풍경이 아니다. 봄이면 들판을 누비며 뛰놀던 꿈 많은 어린이나 나물 캐는 아가씨들은 구경할 수도 없다. 산업화의 열풍으로 젊은이들이 일자리를 찾아 도회지로 떠나버려 농촌에는 아기들의 울음소리가 멈춘 지 오래다. 농업의 기계화로 소달구지나 쟁기질을 하던 모습은 소설책에서나 읽을 수 있는 풍경이 되어버렸다. 요즘 새로운 꿈을 안고 귀농하는 젊은이들이 늘어나고 있다니 반가운 소식이다. 이들이 귀농에 성공하여 풍요로운 농촌이 되살아났으면 하는 희망을 걸어본다. 정부는 새로운 꿈을 안고 귀농하는 젊은이들이 성공할 수 있도록 물심양면으로 적극 지원해주었으면 좋겠다. 국민들 대부분이 농부들의 후손이다. 그러니 우리 국민들도 농촌이 옛날처럼 부활할 수 있도록 더 마음을 써 주었으면 하는 마음 간절하다.

(2013. 4. 18.)

# 꽃걸음 빛바람 축제

내 고향 옥정호반 요산공원에서는 올해로 두 번째 '꽃걸음 빛바람 축제'가 면민의 날과 병행하여 5월 4일부터 5월 6일까지 3일간 열렸다. 고향 축제에 가면 오랜만에 많은 고향사람들을 만날 수 있어 설레는 마음으로 축제장엘 간다. 어제까지는 비바람이 오락가락했는데 오늘은 구름 한 점 없이 맑고 청명하여 축제에 참여하는 사람들의 발걸음을 가볍게 했다. 임실군 운암면 소재지는 빨간 꽃잔디가 화선지에 그려진 듯 선명하고 아름다웠다. 행사장 주변에는 이팝나무가 꽃망울을 터트리고 노란 갓꽃과 유채꽃이 활짝 피어 축제장을 찾은 사람들을 환영이라도 하듯 웃으며 손짓하는 것 같았다. 농촌을 떠나 도회지 도로변 공터의 화단을 방황하던 허수아비들도 멋진 패션으로 돌아와 막걸리에 취했는지 필봉농악의 장단에 맞춰 건들건들 춤을 추며 관람객들을 반겼다. 옥정호 수위도 적당한 수준으로 채워져 맑고 푸른 강물이 출렁대고 있어 행사장의 분위기를 한껏 아름답게 장식했다. 축제는 면민의 날을 기념하는 행사로 효자 효부를 선발하여 상도 주고, 지역발전에 앞장선 분들에 대한 공로패도 주었다. 고향을 떠난 익명의 독지가가 기탁한 장학금을 전달하여 훈훈한 고향의 정을 느끼게 했다. 면민들과 행사장을 찾은 관광객들을 위해 임실필봉굿을 비롯해 청소년 댄스경연대회, 꽃빛가요제, 통기타경연대회, 도립국악단공연, 주민장기자랑, 자전거 체험 등 다채로운 행사들이 알차고 흥미롭게 진행되었다. 고향 사람들은 모처럼 바쁜 농사일을 뒤로하고 축제장에서 막걸리 잔을 기울이며 공연에 취하고 술에 취하여 이야기 꽃을 피웠다. 축제를 구경온 관광객들도 축제장의 아름다움에 탄성을 지르며 즐거워했다. 먹을거리도 다채롭고 맛깔스러워 더욱 좋다고 했다. 옥정호에서 갓 잡은 민물매운탕과 붕어찜은 그 맛이 일품이었다.

옥정호는 진안군 백운면 팔공산 자락의 데미샘에서 발원하여 임실군 관촌면, 신평면, 운암면, 강진면의 산과 들을 끼고 굽이굽이 섬진강으로 흐르다가 강진면 수방리에 1965년 섬진강 다목적 댐이 축조되면서 생긴 인공호수다. 호수의 물이 구슬처럼 맑고 깨끗하다 하여 붙여진 이름이다. 옥정호 물은 발전전용수와 상수도, 농업용수등 다목적으로 이용되고 홍수조절에도 큰 역할을 한다. 호수의 물이 맑고 깨끗하여 호수 전체가 아름답지만 행사장 주변이 가장 아름다운 곳이다. 요산공원에는 임진왜란 때 3등공신으로 성균관 진사였던 최응숙 선생이 낙향하여 400여 년 전에 지은 양요정이란 고색창연한 정자가 있다. 양요란 산과 물이 아름답다라는 뜻이다. 인자요산仁者樂山, 지자요수知者樂水에서 비롯되었다고 한다. 섬진댐 수몰민들의 애환을 달래려고 세운 망향탑도 있다. 야트막한 산이지만 전설과 신화를 간직한 국사봉에 올라 전망대에서 내려다보면 요산공원과 붕어섬이 한눈에 보인다. 붕어섬은 생긴 모양이 금붕어와 같다 하여 붙여진 이름이다. 이른 아침 물안개가 피어 오를 때의 붕어섬은 아름답고 신비롭기 그지없다, 금방이라도 자욱한 안개를 뚫고 용이 승천할 것 같기도 하고, 신령이 나타날 것 같다. 전국의 사진 작가들은 물안개가 피어오를 때 신비롭고 환상적인 풍광을 담으려고 춘하추동 줄지어 몰려든다. 옥정호 수변도로는 전국의 아름다운 도로로 선정되어 젊은 청춘남녀들과 가족들의 드라이브 코스로 많은 이들이 찾는 명소다. 마암리에서 용운리까지 13Km 마실길은, 걷는 사람들에게 인기가 높다. 물줄기를 따라 기암 절벽 사이로 낸 구불구불한 길이라 발걸음을 옮길 때마다 풍경이 자주 바뀌어 걷는 내내 지루함을 느낄 틈이 없다.

외지에서 축제장을 찾은 관광객들은 이구동성으로 축제의 규모를 키워야 한다고 한다. 하지만 축제 때만 떠들썩한 것보다는 4계절 내내 내방객이 끊임없이 찾아오는 관광명소로 만들어야 한다. 그러기 위해서는 관계기관에서 특색있고 매력적인 관광개발을 하는 것도 중요하지만 지역주민들이 옥정호의 물이 맑고 깨끗하게 유지되도록 힘써야 한다. 여기에 고향의 정취를 느낄 수 있도록 하는 훈훈한 인심까지 더해지면 옥정호는 전국적으로 으뜸가는 관광 명소가 되려니 싶다.

(2018. 5. 6.)

# 고향의 들판에서

옛 어른들은 하지 무렵이면 부지깽이도 한몫한다고 했다. 부엌에서 불을 땔 때 쓰는 나무막대기도 한몫을 할 정도로 농촌의 일손이 바쁘다는 말이다. 하지 무렵이 농촌에서 제일 일이 많은 계절이었다. 보리가 영글었으니 장마가 닥치기 전에 보리를 거둬들여 보릿고개를 넘는 일이 시급했다. 보리를 베어낸 논에 모내기를 하고, 밭에 콩이나 팥을 심어야 한다. 수수와 들깨 모종을 하고 고구마도 심어야 할 때다. 마늘과 양파, 하지감자도 캐고, 고추밭과 참깨 밭의 풀도 매야 한다. 모든 일이 시기를 놓치면 안 되는 일들이다.

그래서 하지 무렵이면 동네 사람들 모두가 날이 밝기도 전에 들판으로 나가 해가 지는 줄도 모르고 일을 했다. 소는 사람과 함께 일

하러 나오지만 집에서 기르는 개들은 덩달아 주인을 따라 들판으로 나와 모르는 개들과 싸움판을 벌여 온 들판을 시끄럽게 했다. 그래서 들판은 쟁기질하며 소 모는 소리, 송아지가 엄마 찾는 소리, 이웃 논이나 밭에서 일하는 사람들과 안부를 묻기도 하고, 때로는 새참이나 점심밥을 먹자고 부르는 소리로 떠들썩했다. 새참이나 점심밥을 먹을 때면 으레 막걸리를 마셨다. 그래서 막걸리를 농주라고 한다. 막걸리를 마시고 나면 「농부가」를 구성지게 부르는 사람들이 있어 농촌의 들녘은 마치 축제장처럼 흥겨웠다. 초등학교를 다니던 시절에는 하지 무렵이면 집안일을 돕기 위해 학교를 결석하는 학생들이 많았다. 부지깽이도 한몫을 하는 판에 초등학생 정도만 되어도 작은 일손이 아니었다. 학교에서 가끔 상이용사들이나 가난한 사람들의 일손을 돕는 노력봉사를 하기도 했지만 때로는 돈을 받고 보리를 베거나 모내기를 하여 수학여행 경비에 보태기도 했다.

요즘 농촌풍경은 사뭇 달라졌다. 들판에 사람들이 없다. 정부의 산업화정책으로 농사를 열심히 지어도 도시 근로자들의 소득을 따라가기 어렵게 되자 농촌의 젊은이들이 농촌을 모두 떠났다. 지금 농사를 짓는 사람들은 대부분 노인들이다. 젊은 사람들은 다문화가정이 많다. 농촌들녘에 사람들은 별로 없고 간혹 이앙기 소리와 경운기 소리만 요란하다. 소와 쟁기로 논밭을 갈거나 손으로 보리를 베고 모내기를 하는 풍경은 구경할 수도 없다. 이제 소가 쟁기질을 하거나 써레질을 하는 모습은 영화나 TV에서 볼 수 있는 풍경으로 변해버렸다. 들판에서 새참을 먹거나 점심을 먹는 모습도 보기 어려운 풍경이다. 간혹 새참을 먹거나 점심밥을 먹는 사람들은 있어도 음식점에서 배달하여 먹는 경우가 대부분이다. 모내기를 끝내고 써레 씻김을 하며 농자천하지대본 깃발을 세우고 풍물을 치며 즐거워하던 농촌 들녘의 풍경이 그립다.

요즘 농촌에 새로운 변화의 바람이 이는 것 같아 기쁘다. 일자리를 찾아 농촌을 떠났던 사람들이 100세 시대를 맞이하여 퇴직 후의 삶을 고민하다가 제2의 인생을 농촌에서 보내기 위해 귀향하는 사람들이 늘었다. 도시의 젊은이들도 농업에 관심을 갖고 농촌으로의 이주를 준비하는 사람들이 불어난다고 한다. 농촌지역의 지방자치단체에서 귀농자들을 지원하기 위한 조례를 제정하여 귀농하려는 사람들을 끌어들이려는 노력을 경쟁적으로 하고 있다. 소득이 높다고 행복한 건 아니다. 농촌에 살면 소득은 다소 떨어질지 몰라도 삶의 질이 높아 행복하고 건강하게 장수할 것이다. 귀농지원을 위한 시책을 지방자치단체에만 맡길 일이 아니다. 정부에서 귀농을 하려는 사람들이 성공적으로 정착할 수 있도록 좋은 시책들을 발굴하여 좀 더 적극적으로 추진하면 좋겠다.

(2015. 6. 29.)

# 농부들의 마음

메르스(중동호흡기증후군)의 확산으로 온 나라가 공포에 떨고 있다. 심각한 문제다. 큰집 잔치에 작은집 돼지새끼 굶어 죽는 줄 모른다는 속담이 있다. 큰일을 치르느라 작은 일에 소홀히 한다는 뜻이다. 그러나 정작 당하는 입장에서는 작은 일이라고 치부해버리면 너무 어처구니없는 일이다. 잘사는 형님네 잔치가 아무리 중하다 해도 못사는 동생이 애지중지 키우는 돼지새끼를 굶어 죽게 해서는 안 될 일이다.

지금 가뭄이 심각하다. 들판에 나가보면 큰일이구나 싶다. 뜨거운 불볕더위로 가뭄에 지친 작물들이 타들어가고 있다. 비가 내리지 않아 뿌리에서 수분을 공급받지 못한 데다 뜨거운 햇볕 아래서 하루 종일 버티자니 저녁 때면 아예 기진맥진한 모습이다. 작물이 타들어가는 모습을 바라보는 농부들의 마음도 타들어가기 마련이다.

조상 대대로 농사를 짓고 살아온 집안의 후손이라서인지 우리 부부는 봄이 오면 무슨 씨앗이든 싹을 틔워 가꿔보고 싶은 충동을 버릴 수 없다. 직장에서 정년퇴임한 뒤 고향의 텃밭에 농사를 짓기 시작했다. 땅은 100평 정도지만 상추, 쑥갓, 아욱, 고추, 오이, 열무, 배추, 들깨, 호박, 마늘, 양파, 시금치, 토마토, 옥수수 등을 심곤 한다. 거리가 멀어 오가는 시간이나 자동차 연료비를 생각하면 계산상 손해다. 그래도 아내와 나는 봄이면 고향의 선산자락에서 봄나물도 캐고 텃밭의 채소들이 커가는 모습을 바라보며 땀을 흘리는 재미로 고향엘 자주 오가며 즐거워한다.

요즘은 날이 가물어 힘겨워 하는 작물들의 모습을 보기가 딱하다. 그래서 이른 새벽이나 저녁나절에 자주 물을 주지만 갈증을 해결하기에는 역부족이다. 아무리 과학이 발달했어도 농사는 하늘의 도움이 절반이다. 하늘이 때맞춰 비를 내려주고 햇빛을 비춰 줘야 한다. 요즘처럼 하늘이 심술을 부리면 기우제라도 지내며 하늘을 달래는 방법 외에 특별한 방법이 없다.

농부들은 가뭄 든 논에 물들어가는 소리가 배고픈 어린 자식 젖 넘기는 소리와 같다고 한다. 농부들은 농사를 지을 때는 작물을 돈과 비교하기 전에 자식을 키우는 마음으로 애지중지 가꾼다. 옛날 어른들이 모내기를 할 때면 지나가는 행인들도 부르고 먼 곳에서 일하는 사람들까지 불러 술과 밥을 대접하지만 어느 누구라도 작물을 조금만 상하게 하면 크게 속상해 한다. 나도 어린 시절 소에게 풀을 뜯기다가 한눈을 파는 사이 소가 나락을 몇 포기 뜯어먹어 논 주인에게 크게 꾸중을 들은 적이 있다. 그때는 그 어른이 야속했지만 철이 들고서야 그 어른의 마음을 이해할 수 있었다.

나락 몇 포기에서 생산된 쌀의 값어치가 밥이나 술로 계산하면 몇 푼 되지 않는다. 그러나 농사를 짓는 농부들의 마음은 값을 따지는 게 아니다. 땀 흘려 땅을 갈고 씨앗을 뿌려 가꾸는 작물을 세상 그 무엇보다 소중하다고 생각한다. 자식을 키우는 부모의 마음과 똑같다고 하여 농심은 천심이라는 말도 있다. 농부들은 자식을 보살피는 심정으로 밤낮을 가리지 않고 논밭두렁을 찾는다. 그래서 작물은 주인의 발 소리를 듣고 자란다고 한 것이다. 그러니 이렇게 정성들여 가꾼 작물들이 가뭄으로 타들어가고 있으니 그 모습을 바라보는 농부들의 마음은 어떻겠는가?

메르스 사태에 총력을 기울이는 정부나 지방자치단체 공무원들의 모습을 보면 농민들의 마음과 흡사할 것 같다. 메르스 퇴치에 총력을 다하듯 가뭄대책도 적극 서둘러야 할 것 같다. 하늘의 뜻에 순응하며 가장 낮은 자세로 순박하게 사는 농민들의 애타는 마음을 굽어 살펴 촉촉한 단비를 내려 주기를 하느님께 빌고 싶다. 굵은 빗줄기가 주룩주룩 쏟아지기를 바라는 마음 간절하다.

(2015. 6. 13.)

# 허수아비와 허수어미

허수아비를 보면 어린 시절 생각 때문에 절로 웃음이 난다. 어린 시절에는 엿장수들이 빈병이나 녹슨 쇠붙이, 헌 고무신은 물론 삼베걸레도 엿과 바꿔 주었다. 그래서 들판에 삼베옷을 입고 서 있는 허수아비들이 가끔 수난을 당했다. 개구쟁이들이 허수아비의 옷을 벗겨 엿과 바꿔 먹어버려 허수아비들은 알몸으로 모자만 눌러쓰고 논밭을 지킬 수밖에 없었다. 허수아비들은 날씨가 덥거나 비바람이 불고 천둥번개가 쳐도 주인의 허락 없이는 논밭을 떠나지 않았다. 허수아비들은 농민들의 말을 잘 따르고 고락을 함께한 동반자였다. 농민들이 너도 나도 일자리를 찾아 도회지로 떠나자 허수아비들도 덩달아 농촌을 떠났다.

농촌을 떠난 허수아비들은 차림새가 달라졌다. 모자도 허름한 밀짚모자가 아니고 입은 옷도 떨어진 삼베옷이 아니다. 모자나 옷 모두 메이커도 다르고 색상이나 모양도 각양각색으로 패션이 다양해졌다. 개중에는 유명메이커를 입기도 한다. 농촌을 떠난 허수아비들은 도회지의 축제장이나 공원, 도로 주변의 화단에 여럿이 서 있다. 그 모양도 양팔을 벌리고 서 있는 게 아니고 갖가지 포즈를 취하고 있어 보기엔 화려하다. 하지만 늦은 밤 공원의 가로등불 밑에 서있는 허수아비들의 모습은 어딘지 모르게 고향을 떠난 실향민처럼 보여 측은하다. 젊은이들과 함께 허수아비도 떠나버린 농촌은 힘없고 경제력도 넉넉지 못한 노인들만 남아 적막하고 쓸쓸했다.

100세 시대를 맞아 농촌을 떠나 도회지에서 생활하던 사람들이 안락한 노후 생활을 위해 하나 둘 귀농을 하더니 요즘은 젊은 청년들 중에서도 귀농하는 사람들이 늘어났다. 도회지에서 귀농하는 사람들을 따라 허수아비도 귀농을 하고 있다. 귀농한 허수아비는 들판의 논에서 참새들과 벗하던 옛날과 달리 주로 산골짜기 과수원이나 밭에서 멧돼지나 고라니 너구리 같은 크고 사나운 짐승들을 지킨다. 고향의 산골짜기에서 만난 허수아비는 혼자가 아니다. 허수어미와 함께 있다. 허수어미는 옷도 멋있게 입었다. 빨간 티셔츠에 청바지를 입고 등산모자도 썼다. 지팡이도 들고 서 있어 멋있고 힘차게 보인다. 허수아비 혼자일 때보다 마음이 든든하다. 사나운 짐승들도 부부가 함께 지키고 있으니 함부로 농작물을 해치기 어려울 것 같았다. 다만 허수아들과 허수딸이 없는 게 조금 아쉽다. 허수아비에게는 허수어미가 옆에 있으니 머지않아 허수와 허순이도 탄생

할 것으로 기대된다.

농촌에 새바람이 이는 것 같다. 나이가 많은 귀농인도 반갑지만 젊은이들의 귀농은 정말 반가운 일이다. 오랜 가뭄 끝에 단비 소식을 듣는 기분이다. 농촌에 노인들만 남아 있어 대를 이을 사람들이 없었는데 젊은이들이 귀농하여 농촌이 다시 활력을 찾을 것으로 보인다. 농촌에서 젊은 아낙네들의 웃음소리와 갓난아기들의 울음소리를 들을 것 같은 희망이 보인다. 젊은 귀농인들이 성공적으로 정착할 수 있도록 정부와 지방 자치단체에서 지속적이고 체계적인 지원책을 마련하면 좋겠다. 해마다 가을, 농촌의 황금벌판에서 농민들과 돌아온 허수아비 가족이 함께 어울려 농자천하지대본이란 깃발을 내걸고 풍년가를 부르며 한 판 축제를 벌이는 모습을 기대해 본다.

(2015. 8.)

# 4부

# 스마트폰 열풍

지난봄 서울에서 오랜만에 지하철을 탔다. 지하철 안의 풍경이 완전히 바뀌었다. 옛날에는 지하철을 타면 신문을 읽거나 독서를 하는 사람들이 많았다. 출퇴근 시간이면 조간이나 석간신문을 들고 다니면서 팔기도 했다. 그런데 지금은 지하철에서 신문이나 책을 읽는 모습은 구경하기 힘들다. 앉아있는 승객 10명 중 7~8명은 스마트폰을 들여다보고 있다. 청소년이나 어른, 노인 할 것 없이 모두 스마트폰에 푹 빠져 있다. 스마트폰 사용자가 3천만 명이 넘었다더니 실감난다. 한때 단군 이래 우리나라 국민들이 가장 많이 즐기는 놀이가 고스톱이라 했는데 순위가 바뀌었나 보다.

스마트폰이 대중화되면서 사람과 사람의 거리는 멀어져 가는 것 같다. 옛날에는 가까이 있는 사람들과 소통했는데 요즘은 카카오톡이나 페이스북, 밴드 등을 통하여 먼 데 있는 사람과만 소통하려고 한다. 옛날에는 버스나 기차를 타고 먼 거리를 갈 때면 옆자리에 함께 가는 사람과 서로 인사도 나누고 신문이나 잡지도 바꿔보며 세상사는 이야기도 나누었다. 좀 더 발전하면 휴게소에서 차도 나누어 마시며 정을 나누었다. 그런데 요즘은 차에 앉자마자 스마트폰을 꺼내들고 스마트폰만 쳐다보며 종점까지 가버린다. 옆 사람에게는 눈길도 주지 않는다. 가족들과도 마찬가지라고 한다. 식사시간에도 식탁에 스마트폰을 얹어놓고 들여다보며 밥을 먹고 화장실에 가면서도 들고 간다고 한다. 그러니 가족들과의 대화도 단절될 수밖에 없다.

스마트폰은 정말 편리한 문명의 이기다. 스마트폰을 우리말로 직역하면 '똑똑한 휴대전화'라고 한다. 스마트폰은 전화, 문자, 컴퓨터, 카메라, 녹음기, TV, 라디오, 손전등, 손거울, 전자지갑(폰뱅킹, 주식거래) 등 못하는 일이 없다. 손에 들고 다니는 컴퓨터다. 기차나 버스를 타고 가면서 영화를 볼 수도 있고, 궁금한 문제가 있으면 즉석에서 검색도 하며, 게임도 하고, 운전할 때는 내비게이션으로 활용하기도 한다. 여행을 하면서 아름다운 풍경을 카메라에 담기도 하고 고향에 있는 부모님께 서울에 사는 아들이 손자의 재롱을 동영상으로 보여주기도 한다. 이렇듯 다양하게 활용하다 보니 폐해가 심각하다. 거북목이나, 손목장애, 집중력과 수면부족, 시력저하, 학습저하, 과도한 통신요금, 전자파노출, 인간관계의 갈등 등 여러 가지다.

청소년 자녀를 둔 가정에서는 과도한 스마트폰 사용으로 갈등이 심하다고 한다. 가정에서뿐만 아니라 학교에서도 마찬가지다. 수업시간이면 원만한 수업진행을 위해 스마트폰을 수거하기도 하고 여러 가지로 수업시간에 스마트폰을 멀리하게 하려고 해도 어렵다고 한다. 스마트폰처럼 훌륭한 문명의 이기를 외면할 수는 없다. 그러니 스마트폰을 슬기롭게 이용하는 방법을 찾아야겠다. 지금까지 기업에서는 스마트폰을 만들어 편리하고 재미있는 기능만 선전하여 판매량을 늘려 기업의 이윤만 추구했다. 그 결과 기업은 엄청난 돈을 벌었지만 그 폐해가 심각해졌다. 이제는 스마트폰의 폐해를 사전 예방하고 줄이는 노력을 기업에서 적극적으로 해야 한다. 스마트폰의 건전한 이용에 대한 프로그램을 개발하여 교육을 강화하고 중독자에 대한 전문상담사를 양성하여 치료에도 힘써야 한다. 스마트폰을 판매하고 선전하면서 과도한 스마트폰 이용은 신체적 정신적 건강에 해롭다는 내용도 함께 알려야 한다. 스마트폰의 건전한 이용을 위해 가정과 학교는 물론 기업과 언론도 힘을 모아 스마트폰 중독 때문에 불행해진 사람이 없었으면 좋겠다.

(2013. 7. 27.)

# 가정의 달에 노인의 날은 없다

5월은 좋은 계절이다. 일컬어 계절의 여왕이자, 가정의 달이기도 하다. 5월에는 어린이날, 성년의 날, 부부의 날, 어버이날, 입양의 날이 있다. 가족 구성원 모두의 날이 있는데 노인의 날은 없다. 늙으면 애 된다는 말이 있다. 이는 늙으면 마음이 너그러워질 것 같지만 사실은 그렇지 못하다는 뜻이다. 가족 구성원 모두의 날이 있는데 노인의 날이 없으니 소외당한 느낌이다. 노인의 날은 10월 2일로 정해져 있다. UN이 정한 노인의 날이 10월 1일이어서 우리나라는 국군의 날과 겹쳐 10월 2일로 정했다고 한다. 세계노인의 날에 맞추지 못할 바에는 우리나라의 실정에 맞게 5월의 적당한 날로 정하여 운영하는 것이 좋을 것 같다.

옛날 노인들은 가정에서나 사회에서 대접받고 살았다. 장유유서長幼有序가 아니어도 노인들의 경험이나 지혜가 필요했기 때문이다. 라디오나 TV, 컴퓨터가 없던 시절에는 노인들의 경험이나 지식이 우리 삶에 크게 도움이 되었다. 노인들은 일기예보는 물론 영농지도사가 되기도 하고, 의사 노릇도 했으며, 인생 상담사 역할도 했다. 요즘 젊은이들은 노인들의 경험이나 지식을 소홀히 여기는 경향이 많다. 모든 정보가 라디오나 TV, 인터넷에 다 들어 있으니 그럴 법도 하다. 그러나 노인들의 경험이나 지식을 경시해서는 안 될 것이다.

현재 우리나라 65세 이상 노인들은 다른 나라 노인들과는 달리 근대사의 격변기를 살아오면서 모진 고생을 많이 한 세대다. 일제 강점기와 6 · 25전쟁을 몸소 겪고 초근목피로 연명하면서 폐허가 된 나라를 건설했다. 나라의 경제 발전을 위해 독일광부, 간호사, 월남파병, 사우디 사막의 무더운 모래바람도 두려워하지 않고 자진해서 참여했다. 비록 본인들은 배우지 못했지만 자녀들의 교육을 위해서는 자신들의 노후 대책은 아랑곳하지 않고 전 재산을 투자하여 가르쳤다. 그래서 대학을 우골탑牛骨塔이라고도 했다. 젊어서 가족을 위하고 나라의 경제발전을 위해 최선을 다했다. 하지만 자신의 노후대비를 못하고, 경제력을 상실한 상태에서 힘없는 노인이 되어버렸다.

세태가 이렇게 급변할 줄은 예상도 못했다. 옛날에는 자식들을 잘 가르쳐 성혼시키면 노후는 걱정할 필요가 없었다. 늙은 부모의 봉양은 자식들의 당연한 몫이었다. 그래서 행복한 노후가 보장되었다. 그러나 요즘 세태는 변했다. 재산이 많은 노인들은 자식들이 서로 모시려고 하지만 가난한 노인들은 자식들이 모시려 하지 않는다. 국가나 사회에서도 노인들에 대한 관심이 소홀하여 노인들의 삶은 행복하지 못하다. 노인문제가 심각하다. 정부의 통계 발표에 따르면 혼자 사는 노인이 137만 9천 명에 달하고 치매노인의 숫자도 61만 명이나 된다고 한다. 빈곤과 외로움으로 자살하는 노인들이 늘어나고 있다니 얼마나 가슴 아픈 일인가?

누구나 사람은 늙기 마련이다. 노인문제는 단순한 타인의 문제가 아니라, 앞으로 우리 모두가 직면할 미래의 현실이다. 자신이 앞으로 저렇게 될 것이라 생각하고, 우리 모두가 노인문제를 해결하기 위해 관심을 기울여야 할 때다. 가정의 달에 노인문제에 대하여 우리 모두 곰곰 생각해 보아야 할 일이려니 싶다.

(2015. 5. 15.)

# 어린이들에게 꿈과 희망을

가난한 나라들을 여행하다 보면 어린이들이 아기를 업고 구걸하는 모습을 볼 때가 있다. 또 어머니가 금방 숨이 넘어갈 듯 보이는 애기를 보듬고 구걸하는 모습도 눈에 띈다. 아내는 외국 여행을 하다가 이런 광경을 보면 어김없이 잔돈푼을 손에 쥐여 준다. 어떤 때는 관광안내원이 구걸하는 사람들에게 절대 돈을 주지 말라고 당부하기도 한다. 잔돈푼을 도와준다고 별 도움이 안 되는 줄 알면서도 그냥 지나칠 수 없어 관광안내원 몰래 주기도 한다. 몇 년 전 TV를 보다가 아프리카에서 못 먹고 굶주려 죽어가는 어린이들을 보며 아내와 나는 많이 운 적이 있다. 아내가 아프리카 어린이들을 도와주자는 말에 전화로 월드비전에 한 달에 3만 원씩을 정기적으로 자동이체방식으로 후원하겠다고 신청했다. 월드비전은 한국전쟁 때 종군기자로 한국을 방문한 밥 피어스(Bob Pierce) 목사가 한국의 어린이들을 돕고자 세운 단체로 본부는 영국 런던에 있다. 우리나라는 그간 월드비전의 도움을 받다가 1991년부터 도움을 주는 나라가 되었다.

멀리 세네갈에서 편지가 왔다. 우리 부부가 후원한 어린이였다. 이름은 KEITA Diabou, Diabou다. 2005년 10월 17일 출생한 여자 어린이다. 남자 동생이 두 명이고 아버지는 농장 노동자며 어머니는 전업주부라 했다. 그림 그리기를 좋아하고 인형놀이를 좋아하는 어린이라 한다. 연락처는 세네갈 톰보론 지역개발사업소로 되어있다. 세네갈은 아프리카 서북부에 위치한 나라다. 프랑스 식민지 영향으로 언어, 교육, 의료 등이 프랑스와 같은 부분이 많다고 한다. 면적은 우리 남북한과 비슷하고 인구는 1,264만 명이다. 종교는 94%가 이슬람이며 문맹률이 50%가 넘고 인구의 35% 정도가 하루 1, 2달러 이하로 생활하는 아주 못사는 나라다. 월드비전에서 보내온 안내서를 보면 후원금은 후원 아동이 사는 지역의 보건의료, 교육, 소득증대, 아동권리교육 등에 쓰인다. 후원아동에게 직접 전달하면 이웃 간의 갈등, 수혜주민들의 자립심결여 등을 고려해서라고 한다.

어느 날 월드비전에서 연락이 왔다. 우리가 후원한 어린이는 이제 도와주지 않아도 된다고 했다. 만나 보지도 않고 편지만 몇 번 받았을 뿐인데 섭섭했다. 우리 부부의 작은 보탬이 희망을 잃고 사경을 헤매는 한 어린이에게 꿈과 희망을 주고 있다는 생각으로 항상 마음이 뿌듯했는데 그런 보람을 저버릴 수가 없었다. 또 다른 어린이를 후원하고 싶다고 했다. 그래서 다시 월드비전의 추천을 받아 후원하는 어린이는 필리핀 수도 마닐라로부터 남쪽으로 100Km 떨어진 바타강스 지역 루손섬 어린이다. 2010년 10월 21일생 남자 어린이로서 이름은 리나톡, 루이에 란스 씨(LINATOC, Rouie Lance C) 후원 아동번호는 198157-1042다. 엄마는 영세 상인이고 아버지는 농사를 지으며 남자형제 4명과 누이가 2명 있다고 했다. 2015년 말 크리스마스카드를 받았다. 유치원 선생님의 도움을 받아 그렸을 테지만 손으로 직접 그린 카드여서 정겨웠다. 우리가 후원하는 어린이가 꿈과 희망을 갖고 건강하게 자랐으면 하는 마음 간절하다.

어린 시절 생각이 났다. 6 · 25한국전쟁 직후 우리나라 농촌에서는 어느 곳이나 보릿고개를 넘기 힘들었다. 초등학교에서 옥수수가루나 분유를 나눠줬다. 봄이면 아침도 못 먹고 학교에 오는 친구들이 많을 때여서 학교에서 나눠준 옥수수가루나 분유도 배고픔을 달래는 데 다소 도움이 되었다. 기억하고 싶지 않은 추억이다. 이제 우리나라 경제가 성장하여 잘사는 나라가 되어 못 사는 나라를 도와 줄 수 있으니 정말 자랑스럽고 가슴 뿌듯한 일이다. 우리나라 사람들은 옛날부터 정이 많은 사람들이다. "콩 한 쪽도 나누어 먹는다."는 속담도 있다. 요즘도 해마다 연말이면 얼굴 없는 천사들도 많고, 1년 내내 폐지를 주워 모은 돈을 몽땅 불우한 이웃돕기 성금으로 기부하는 할머니 할아버지들도 있다. 후원을 받던 나라에서 후원을 하는 나라로 바뀐 데는 경제발전의 공이 크지만 정이 많은 우리 국민들이 적극 참여한 결과다. 우리보다 더 못사는 나라의 어린이들에게 꿈과 희망을 심어주는 작은 정성이 우리나라의 미래에 투자하는 일이란 생각이 든다. 돈 많은 재벌들이 동참하면 효과가 클 터인데 재벌들은 체면치레로 참여하는 것 같아 아쉽다. 우리나라 재벌들이 경주 최 부잣집이나 전남 구례 운조루처럼 가난한 이웃을 진정으로 사랑했던 아름다운 미담을 거울 삼아 이웃을 돕고 가난한 나라 어린이들을 돕는 운동에도 자발적으로 참여했으면 좋겠다.

(2016. 2. 16.)

# 낙엽을 바라보며

곱게 물들어가는 단풍과 석양의 노을을 보며 가을이 점점 깊어가고 있음을 실감한다. 농부들이 봄부터 땀흘려 가꾼 곡식들이 누렇게 익어가는 들판은 황금 물결로 일렁인다. 가을은 결실의 계절이다. 산과 들의 나무와 잡초들까지도 풍요롭게 열매를 맺는다. 기온 또한 시원하여 활동하기에도 좋은 계절임에도 가을이면 마음 한 구석이 괜스레 허전해진다. 그건 나만의 생각인가? 석양 노을과 곱게 물드는 가을 산 모습이 내 또래 같다는 생각이 들어 친근하게 느껴진다. 나도 가을 산 처럼 곱게 늙고 싶다. 곱게 물드는 낙엽을 보면 정겹기도 하고 낙엽처럼 살고 싶다는 생각이 들기도 한다. 어린 시절 추억이 떠오른다. 가을이면 빨갛게 물든 단풍이나 노란 은행나무 잎을 책갈피에 꽂아 두었다가 다정한 친구들에게 편지봉투 속에 넣어 보내기도 했다.

바람이 불 때마다 낙엽이 우수수 떨어진다. 나무와 작별하며 떨어지는 낙엽들은 즐거운 여행이라도 떠나는 듯한 모습들이다. 하늘하늘 나비처럼 춤을 추기도 하고, 고추잠자리를 흉내 내듯 공중돌기도 하며 여유있고 자유롭게 사뿐히 내려앉는다. 봄부터 가을까지 함께 붙어있던 나뭇가지와 작별하는 아쉬움이 있을 법도 한데 섭섭한 미련일랑 아예 없는 모양이다. 때가 되면 마음을 비우고 언제라도 떨어질 준비가 되어 있었나 보다. 사람들은 나이가 들면 미련과 욕심이 늘어난다고 한다. 미련과 욕심을 버리려는 마음가짐을 떨어지는 낙엽을 보며 배워야겠다. 나무들은 떨어지는 나뭇잎을 붙잡으려 하지만 가을바람을 감당하기에는 역부족인 것 같다. 바람이 불 때마다 우수수 떨어지는 낙엽 을보며 소슬하게 부는 가을바람이 야속하게 느껴졌다. 곱게 물든 잎새들을 모두 잃어버린 뒤 알몸으로 눈보라치는 기나긴 엄동설한을 보내야 할 나무들이 측은하다. 그래도 뿌리를 덮어주는 낙엽이 있으니 아무도 찾아오는 이 없이 홀로 노후를 쓸쓸하게 지내는 노인들의 처지보다는 낫다는 생각이 든다.

떨어진 나뭇잎들은 뿌리를 보듬고 누워서 잠을 잔다. 잠을 자다가 바람이 불면 잠에서 깨어 도란도란 이야기한다. 여름에 날이 가물어 목이 말랐던 이야기며 길가는 사람들의 그늘이 되어 보람을 느꼈던 일매미들의 노랫소리를 들으며 즐거웠다며 바스락거린다. 그리고는 이제 봄부터 가을까지 자기들을 위해 수고했던 나무의 은혜를 되새긴다. 나무뿌리 위에 누워 추운 겨울 눈 · 비를 막아주는 이불

노릇을 하고 봄이 되면 새잎을 피우고 무성하게 푸르도록 밑거름이 될 것이다. 낙엽이 자기 역할을 다하고 사라지는 모습을 보며 곰곰 생각하면 가슴이 뭉클해진다. 나의 삶도 곱게 물들어 떨어져서도 뿌리로 돌아가 제 역할을 다하는 낙엽 같은 삶이 되기를 소망한다.

(2015. 가을.)

# 오포세대들에게 희망을

민달팽이를 바라노라면 집도 없이 맨몸으로 뿔같이 생긴 두 더듬이를 흔들며 스멀스멀 기어다니는 모습인데, 한편으로는 귀엽기도 하지만 징그럽기도 했다. 채소 농사를 짓는 사람들은 민달팽이 때문에 골치를 앓는다. 먹성이 좋고 주로 밤에만 활동하면서 채소를 갉아먹어 친환경 농사를 짓는 사람들은 일일이 손으로 잡아야 하는데 이른 새벽이 아니면 잡기도 어렵다. 채소농사를 지으며 민달팽이를 잡을 때면 마음이 씁쓸했다. 젊은 시절 또래들과 셋방살이 서러움을 이야기하며 집 없는 우리의 처지를 민달팽이와 비교했던 생각이 나서다. 어쩌다 평생 집 한 채 없이 떠돌다 일생을 마치는 민달팽이를 바라보며 언제나 내 집을 살 수 있을지 걱정하던 시절이 생각난다.

결혼하여 부모님과 함께 살다가 직장 따라 집에서 나오면서부터 셋방살이는 시작되었다. 지금은 주거환경이 많이 개선되었지만 1970년대의 주거환경은 열악했다. 살림살이도 별로 없었지만 단칸방에 살림살이를 들여놓다 보면 세 식구가 편히 눕기도 어려웠다. 연탄아궁이도 하나뿐이어서 잠을 자다가 연탄 갈 시간을 넘겨 불이 꺼지기라도 하면 연탄불을 붙이기까지 냉방이 되기도 했다. 추운 겨울이면 윗목에서 숭늉이 꽁꽁 얼 정도로 방이 추웠다. 연탄가스에 중독되어 식구 모두가 죽을 뻔한 일도 있었다. 식구들끼리 겪는 불편함이나 어려움은 견딜 만했다. 주인집의 냉대와 횡포는 견디기 어려울 때가 많았다.

어떤 집주인은 아침에 우물물을 셋방 사는 사람이 먼저 쓰지 못하게 하고, 저녁이면 빨랫줄에 빨래도 널지 못하게 했다. 아침에 일찍 일어나도 우물물을 쓸 수가 없으니 주인이 일어날 때까지 세수도 못 하고 기다려야 하고, 애기 기저귀도 밤이면 널 수 없으니 여간 불편하지 않았다. 더군다나 아이들이 주인집 아들과 싸우기라도 하는 날은 더욱 난감했다. 셋방살이를 하는 친구들과 얘기하다 보면 웃지 못할 애환들이 많았다. 사무실에서 야근하고 늦게 집에 돌아가면 주인집에서 대문을 잠가버려 매일 담을 넘는 친구도 있었다. 선배 한 분은 아들이 다섯 명이나 되어 방을 구하기 어려웠다고 한다. 할 수 없이 방을 얻을 때는 아들이 둘이라고 했다고 한다. 이사를 할 때는 아들 셋은 외가에 맡겼다가 일주일 간격으로 데려왔다고 한다. 나중에 주인이 왜 아들이 이렇게 많은지 묻기에 처음에는 조카들이 놀러왔다고 둘러댄 뒤 결국에는 주인에게 자초지종을 말했다고 하니, 그 마음고생이 얼마나 컸을까? 지금도 셋방살이 이야기가 나오면 웃기도 하지만 그 시절에는 마음고생이 컸었다.

우리 세대들은 대부분 단칸 삭월셋방부터 시작했다. 그런데 요즘 청년실업 증가와 함께 학자금 대출에 대한 부담, 치솟는 집값 등 과도한 삶의 비용으로 인해 오포세대가 늘어난다니 곰곰 생각해볼 일이다. 오포세대란 요즘 젊은이들이 연애와 결혼, 출산, 취업, 내 집 마련을 포기한 세대라고 한다. 그런데 요즘 젊은 사람들 중에 오포세대가 늘어난다니 곰곰 생각해 볼 일이다. 오포세대란 연애와 결혼, 출산, 취업, 내집마련을 포기한 세다라고 한다. 취업하기도 어렵고 치솟는 집값이 가장 큰 문제지만 학자금 대출 상환도 부담이 크다고 한다. 처음부터 완벽하게 갖추고 출발하면 좋겠지만 다소 부족한 상태에서 출발한 것도 그다지 나쁘진 않다. 살아가면서 하나하나 이루어가면 성취감을 맛볼 수 있어 삶이 더 행복하게 느껴질 수도 있다. 젊은이들에게 직장을 구하고 어느 정도 기반을 닦은 뒤 연애할 생각 말고 연애부터 하라고 권하고 싶다. 연애를 하면 꿈과 희망이 생긴다. 하나의 힘보다 사랑하는 사람 둘이 힘을 합하면 몇 배의 힘이 생긴다. 진정으로 사랑하는 두 사람이 힘을 합치면 못 이룰 것이 없을 성싶다. 남자나 여자 어느 한쪽만으로는 완전히 행복한 삶을 누릴 수 없다. 그러므로 연애와 더불어 결혼을 하면 모든 걸 다 이룰 수 있을 것이다.

오포세대들이 꿈과 희망을 갖도록 정부와 국민들이 특별한 관심과 대책을 마련해야 한다. 무상급식이나 노인복지도 중요하지만 오히려 오포세대에 대한 대책이 더 시급한 일이다. 우리나라의 미래를 떠받쳐야 할 젊은이들이 직장을 포기하고 연애를 포기하고 결혼을 포기한다니 정말 큰일이 아닐 수 없다. 정부는 물론 모든 국민들이 관심을 갖고 협력해야 할 것 같다. 젊은이들의 일자리를 늘리고 신혼부부들의 주택난을 해결할 수 있는 정책을 적극적으로 개발하여 오포세대들이 포기했던 다섯 가지를 이루려는 꿈과 희망을 안고 사는 세상이 되었으면 좋겠다.

(2015. 4. 24.)

# 모기회식

군대생활 이야기는 재미없다는 사람들이 많다. 그러나 군대생활 한 사람들끼리 만나 술잔을 기울이며 얘기하다 보면 밤을 지새워도 재미나는 게 군대생활 이야기다. 나는 1968년 3월에 입대하여 1971년 1월에 제대했다. 제대한 지 40여 년이 지났는데 지금도 군대생활의 기억은 생생하다. 1968년 1월 21일 북한의 무장공비 청와대 침투사건으로 군대 생활은 훈련소 생활부터 무척 고달프게 시작되었다.

훈련을 마치고 수송학교에서 운전교육을 받았다. 지금이야 자동차도 많고 성능도 좋지만 그때는 자동차를 별로 접해보지 않은 상태에서 고물자동차로 운전을 배우려니 어려움이 많았다. 자동차 시동이 자체적으로 걸리는 자동차가 별로 없었고, 시동을 걸려면 밀고 당겨야 했다. 그러니 운전을 배우다가 시동이라도 꺼지는 날에는 생지옥이었다. 운전교육생 엉덩이와 뺨은 아예 운전조교에게 맡기고 지냈다. 운전교육대에서 운전을 배우며 얼마나 힘들었던지 운전면허시험 코스 연습을 하는 자동차 적재함에서 원산폭격을 하는 것은 잠을 자면서도 한다고 했다.

운전교육을 받고 배치를 받은 곳은 강원도 인제군 원통지역이었다. 우리가 군대생활을 할 때는 군대생활을 하기 가장 힘든 곳이라 했다. 그래서 생겨난 말도 있다. "인제 가면 언제 오나 원통해서 못 살겠네." 이렇듯 어려운 지역에 배치를 받아 군기 세기로 이름난 수송부에서 군대생활을 했으니 고생은 말할 수 없을 정도였다. 그러나 나는 34개월의 군대생활이 헛되지 않았다는 생각을 하면서 살았다. 어려운 일이 있을 때면 가끔 군대생활에서 겪었던 일들을 떠올리면 힘이 되었다.

요즘도 가끔 군대생활을 하면서 춥고, 배고프고, 매 맞으며 기합받던 꿈을 꿀 때가 있다. 진부령 모기는 유효사거리가 겹 모포 석 장이라 했다. 그런데 성질 고약한 내무반장이 가끔 가다 모기회식을 시켰다. 모기회식은 취침 중 팬티바람에 알 철모만 쓰고 집합시켜 부동자세로 세워 놓으면 모기들의 화려한 회식상차림이었다. 모기회식을 한 번 당하고 나면 며칠 동안 가려워 잠도 못자고 고생을 많이 했다. 어쩌다 기합이나 매를 맞지 않고 취침점호를 하면 불안해서 잠이 오지 않았다. 추운 겨울에 고장 난 자동차를 정비하다가 손발에 동상이 걸리기도 했다. 그렇게 인간 이하로 매를 맞고 기합을 받으며 고달프게 군대생활을 하면서 누구도 미워하거나 원망하지 않았다. 오히려 우리가 전방에서 나라를 지키니 부모형제가 후방에서 안심하고 편히 생활할 수 있다는 긍지를 갖고 군대생활을 했다. 그래서 지금도 군대 생활이 보람 있고 아름다우며, 즐거운 추억이 되고 있다.

그런데 요즘 국회인사청문회에 총리나 장관 후보자들과 그들의 아들들이 군대를 가지 않으려고 별별 방법을 동원해서 병역을 면제받은 모습과, 방위산업 비리를 보면서 군대생활하면서 고달프고 배고팠던 생각이 떠오르고 억울하다는 생각이 든다. 인간 이하의 기합이나 구타는 군대생활의 전해오는 고참 병사들의 횡포나 악습으로서 반드시 개선되어야 하지만, 구조적 비리와는 다르다. 병역을 면제받고 군용물자를 빼돌려 병사들이 배를 곯게 하는 행위는 구조적 비리다. 우리가 군대 생활을 할 때도 양심 있는 지도층 인사들은 솔선해서 아들들 군대에 보냈다. 양심적이고 훌륭한 지휘관들은 병사들을 배고프게 하지 않았다.

어느 분야보다도 군대의 구조적 비리는 진즉에 뿌리를 뽑았어야 했다. 군대의 구조적 비리는 비리 그 자체보다 군 전체의 사기를 떨어뜨린다. 군의 사기가 떨어지면 전력이 약화된다. 전력이 약화되면 결과적으로 적을 이롭게 한다. 그러니 국방 비리에 대해서는 이적죄利敵罪로 엄중하게 처벌해야 할 텐데도 어떤 연유인지 항상 어물쩍 넘어가기 일쑤다. 이번에는 대통령과 국무총리까지 나서서 방산비리 적폐를 뿌리 뽑으라고 했으니 지켜볼 일이다. 군대에 다녀온 사람들이라면 아마 누구나 이런 생각들을 할 것이다. 병역비리나 방위산업비리를 저지른 이들은 우리 사회에 발붙일 곳이 없도록 엄하게 처벌했으면 좋겠다.

(2015. 4. 3.)

# 백두산에 올라

여행은 항상 마음을 설레게 하지만 백두산 여행을 앞두곤 어느 때보다도 마음이 더욱 설레었다. 2013년 8월 함께 직장생활을 했던 돼지띠 동갑내기들이 부부동반으로 백두산엘 갔었다. 인천에서 단동을 거쳐 서파 방향에서 1442계단을 힘들게 올랐다. 여행준비를 하면서 백두산에 오르면 무엇을 먼저 할까 곰곰 생각했다. 산신제를 지낼 때 올릴 제주도 준비했다. 정성스럽게 담근 맛있는 더덕주를 산신께 올리면서 남북통일을 기원하고 우리 가족들의 건강과 행복을 기원하고 싶었다.

산 아래서 버스를 탈 때까지는 정상에 올라 천지를 볼 것이라 기대했었다. 그러나 버스에서 내려 계단을 오르다 보니 날씨가 심술을 부리기 시작했다. 바람이 불고 구름이 몰려오는가 싶더니 정상에 다다를 무렵부터는 비바람이 몰아치고 안개가 몰려와 앞을 분간하기도 어려웠다. 아무리 기다려도 비바람이 갤 것 같지 않았다. 빗속에서 북녘땅도 밟아 보았지만 더덕주만 한 잔씩 나누어 마시고 내려오자니 서운한 마음을 달랠 길이 없었다. 여행 가이드는 우리를 위로하느라 백두산은 백 번 올라야 천지를 두 번 볼 수 있다 하여 백두산이라 이름 지어졌다고 하면서 위로하려고 노력했지만 마음이 쉽게 풀리질 않았다. 언젠가는 반드시 백두산 정상에 다시 오리라 다짐했다.

2014년 7월 6일 ~ 7월 9일 백두산을 또 갔다. 이번 여행은 1989년 전라북도 공무원 교육원에서 일본어를 공부했던 팔목회 회원들과 함께 부부동반이었다. 이번 여행길은 비행기를 타고 장춘 공항으로 갔다. 백두산 천지를 반드시 봐야겠다는 마음에서 백두산을 두 번 오르는 일정을 택했다. 첫날은 서파로 오르기로 하고 다음날은 북파로 가기로 했다. 우리 일행의 열망에 보답이라도 하듯이 첫날 서파로 올라 백두산 천지를 봤다. 행운이었다. 날씨가 가을날처럼 맑아 천지를 한눈에 볼 수 있어서 정말 좋았다. 천지의 물은 하늘 빛과 같았다. 눈부시게 맑은 천지를 바라보노라니 감탄사가 절로 나왔다. 아내와 함께 집에서 챙겨간 술을 올리며 우리 일행은 조용히 남북통일을 염원하고 우리 가족들의 건강과 행복을 위한 기도도 했다. 사진촬영도 맘껏 했다. 오래오래 머물고 싶었지만 어쩔 수 없이 내려와야만 했다.

내려오는 길에 이런저런 생각들을 했다. 나라가 분단된 게 한스러웠다. 중국땅을 돌아다니다 보니 신라를 통일한 김춘추가 미워지기도 했다. 외세를 끌어들여 고구려와 백제를 망하게 하고 반쪽 통일을 하여 우리 민족은 그때부터 약소 국가가 되었다는 생각이 들기 때문이다. 그런데 역사교과서에서는 신라의 삼국통일을 미화하고 있다. 교과서에서 아이들에게 가르치는 문제를 잘못되었다고 생각하는 내 생각이 잘못된 게 하닌가 하는 생각도 했다. 그러나 아무리 생각해도 신라의 삼국통일은 미화까지 해서는 안 된다는 생각을 지울 수가 없다. 부질없는 생각인 줄 알면서도 상상의 나래를 펴봤다.

올라갈 때는 천지를 보려는 마음이 앞서 잘 못 느꼈는데 버스를 타고 내려오는 길도 굽이굽이 장관이었다. 안내방송을 한국말로 했으면 좋겠다는 생각이 들었다. 백두산을 운행하는 버스에 우리나라 관광객들이 중국 사람들보다 많은데도 중국말로만 안내 방송을 한다. 알아듣지도 못한데 계속 떠들어대니 고역이었다. 우리나라 관광객들을 배려하는 태도가 별로 보이지 않았다. 우리나라 관광부서에서 중국정부에 시정을 요구해야 한다는 생각이 들었다. 백두산, 우리 국민이라면 누구나 가보고 싶은 곳일 것이다. 우리의 명산 백두산을 가고 싶어 하는 모든 국민들이 기차나 버스를 타고 개성과 평양을 경유하여 자유롭게 여행할 수 있는 날이 하루 빨리 왔으면 좋겠다.

(2014. 8.)

# 저~속低~速

'저~속!'은 육군 251수송학교 경례 구호였다. 1968년 육군수송학교에서 운전을 배우면서 가장 많이 들었던 말이 '저~속'이다. 경례 구호도 '저~속!'이었다. 높은 분들을 만나 엉겁결에 '저속' 하고 빠르게 경례구호를 하면 혼이 났다.

수송학교에서 운전을 배우면서 많은 고생을 했다. 오토바이도 타본 경험이 없는 사람들이 자동차운전을 배우려니 너무도 어려웠다. 자동차의 원리나 구조학도 어려웠지만 운전실습은 두렵기까지 했다. 어렵고 사고의 위험이 따른 운전을 가르치는 부대라서 군기가 엄했다. 운전교육 중 오른쪽 빰은 아예 조교에게 맡겨야 했다. 그 시절은 자동차 성능이 대부분 좋지 않았다. 시동도 잘 걸리지 않아 사람들이 밀거나 자동차로 당겨서 시동을 걸었다. 그러니 운전실습을 하다가 시동이라도 꺼지게 되면 난리가 났다. 우선 밀고 당겨서 시동을 거는 데도 힘이 들지만 심한 구타와 기합을 받아야 했다. 교육 중 구타나 기합은 이해할 만했다. 잠자는 시간에 잠도 못자고 매를 맞으며 기합을 받았던 기억은 지금 생각해도 좀 억울했다. 그러나 군대 생활의 그 추억은 아름답고 소중한 추억으로 남아 있다. 군대 생활의 힘들었던 일들이 세상을 살아가는 데 큰 도움이 되었다.

나는 원래 매사에 동작이 느리지만 운전할 때면 저속으로 배워서 항상 천천히 달렸다. 내 차를 동승한 친구들이 그렇게 천천히 운전할 거면 걸어다니라면서 놀리기도 한다. 운전경력이 45년이나 되었어도 주차할 때면 항상 세심한 주의를 하면서 천천히 한다. 운전할 때면 항상 규정 속도를 지키며 저속운전을 하니까 친구들이 보기에는 운전이 서툴게 보이는 모양이다. 그러나 내 스스로는 운전이 서툴다는 생각은 들지 않는다. 무슨 일이나 빨리 잘하는 게 좋은 일이나 자동차 운전은 빠르게 하는 것보다 안전하게 해야 한다. 빠르게 이동하기 위해서 자동차가 필요한 건 맞는 말이지만 자동차를 타고 비행기처럼 빨리 가려고 하면 사고를 부르기 마련이다. 자동차사고의 대부분은 빠른 속도 때문이다.

'5분 먼저 가려다 50년 먼저 간다.' 는 자동차사고 예방 표어가 생각난다. 저속으로 운행하면서 안전거리를 규정대로 지켜 운행하면 왠만한 사고는 미연에 방지할 수 있다. 자동차를 운전하다 보면 간혹 난폭 운전자를 만나 아찔한 순간을 경험할 때가 있다. 그럴 때면 정신수양이 부족해서인지 옆자리에 누가 앉아 있어도 험한 말을 불

쑥 하곤 후회할 때가 더러 있다. 아침 출근길에 이런 일을 당하면 하루 종일 마음이 언짢다.

운전문화가 향상되었으면 좋겠다. 요즘엔 클랙슨을 굉음으로 울리며 시내를 질주하던 버스나 트럭들은 거의 없어진 듯하다. 그러나 다른 분야에 비해 우리의 운전문화는 아직도 많이 뒤떨어진 느낌이다. 모 신문에서 교통문화 개선을 위해 많은 지면을 할애하여 연중기획으로 캠페인을 벌이고 있다. 퍽 잘한 일이란 생각이 든다. 자동차운전문화는 법이나 규정을 엄격히 단속하는 것보다는 홍보를 잘하여 계도하는 것이 효과적일 것 같다. 굳이 독일이나 일본 같은 운전문화선진국의 사례를 들어 홍보하지 않아도 우리 국민들은 하려고 맘만 먹으면 금방 잘할 것이다. 우리나라 화장실이 세계에서 제일 깨끗하고 좋다고 한다. 깨끗한 나라의 대명사처럼 알려진 싱가포르에서도 우리나라의 화장실문화를 벤치마킹하려고 많이 찾아온다고 한다. 운전문화도 하루 빨리 선진화되어 생명과 재산을 지킴은 물론 우리나라의 운전문화를 배우고자 세계인들이 찾아오는 운전문화 선진국이 되었으면 좋겠다.

(2013. 7. 8.)

# 늘어나는 혼놀족

오포세대와 혼놀족이 늘어나고 있어 걱정이다. 오포세대란 취업, 연애, 결혼, 출산, 내 집 마련을 포기하는 사람들을 말한다. 취업하기도 어렵고, 치솟는 집값이 가장 큰 문제지만 학자금 대출 상환도 부담이 크다고 한다. 처음부터 완벽하게 갖추고 출발하면 좋겠지만, 다소 부족한 상태에서 출발한 것도 그다지 나쁘진 않다. 살아가면서 하나하나 이루어가면 성취감을 맛볼 수 있어 삶이 더 행복하게 느껴질 수도 있을테니 말이다. 요즘 젊은이들은 도전의식이 부족한 것 같다. 도전해 보지도 않고 포기하다니, 어이가 없다. 오포세대가 늘더니 요즘은 혼놀족이 늘어난다고 하니 마음이 씁쓸하다. 혼자 살면서 혼자 밥 먹고, 혼자 술 마시고, 혼자 여행도 하고 영화도 보고, 혼자 노는 사람들을 혼놀족이라고 한다. 혼자 사는 가구가 30%가 넘는다고 한다. 혼자 사는 가구 중에는 어쩔 수 없이 혼자 사는 사람들도 있지만, 경제적으로 시간적으로도 여유롭게 살면서 얽매이기 싫어서 결혼하지 않는 사람들이 늘어나 문제가 심각하다. 다 누리고 살면서 제 한 몸만 편하자고 혼놀족이 되어서는 안 된다. 부모형제와 주변사람들에게 고통을 안겨주는 처사다.

혼놀족이 늘어남에 따라 주거 형태도 많이 바뀌었다. 1인 가구가 늘면서 전용면적이 넓은 아파트나 단독 주택은 인기가 없다. 혼자 살기에 적합한 소형 오피스텔, 원룸, 투룸이 인기다. 가구와 가전제품도 한 사람이 사용하기에 편리한 제품으로 소형화된 상품들이 많다. 가지, 오이, 파프리카, 양배추 등 채소도 미니 채소가 잘 팔린다고 한다. 구조를 바꾸는 식당도 많다. 원룸 밀집 지역이나 대학가 부근 식당은 혼자 밥 먹으러 오는 손님이 많아져 혼자 먹기 편리하게 일인 식탁으로 바꾸는 집들이 늘어나는 추세다. 밥은 어쩔 수 없는 경우 혼자 먹을 수도 있다. 하지만 술을 혼자 마신다는 건 좀 지나치다는 생각이 든다. 술은 아무리 좋은 술이라도 잔을 부딪치는 상대에 따라 술맛이 달라지는 법이다. 간혹 혼자 술 마시는 사람을 보면 왠지 쓸쓸해 보이고 불안하다. 꼭 사고를 저지르기 전 단계인 것처럼 느껴지기도 한다. 다인가족보다 혼자 사는 사람들이 만성질환, 외래진료, 우울증, 자살충동 등 건강상태도 좋지 않다고 한다.

혼인이란 때가 있다. 혼기를 놓치면 혼인을 하기가 어렵기도 하지만 너무 늦어지면 출산할 수 없어 정상적인 가정을 이룰 수 없기 때문이다. 돈은 천천히 벌어도 되지만 혼인은 적령기에 해야 한다. 돈을 아무리 많이 벌어도 정상적인 가정을 돈 주고 살 수는 없다. 젊어서는 혼자 지내도 괜찮을지 몰라도 나이가 들어갈수록 가족이나 친구가 필요하다는 것을 느끼게 될 게 자명하다. 일본에서는 고독한 사람들에게 친구를 빌려주는 업소가 성행하고 있다고 한다. 속내를 털어 놓을 수 있는 가족이나 친구를 얻기가 어려운 사회의 한 단면이다. 오포세대와 혼놀족이 늘어나는 현상에 대하여 가정과 사회에서 진지한 고민을 해야 한다는 생각이 든다. 정치인이나 언론도 함께 걱정해야 한다. 정부기관이나 언론에서 아무런 고민도 없이 혼놀족이 늘어난다는 통계만 발표하는 모습을 보면 속이 터진다. 정부기관이나 언론에서 대책 없이 통계수치만 발표하는 것은 오히려 혼자 사는 것을 부추기는 것과 같다. 오포세대와 혼놀족들이 혼인을 하면 출산도 늘어날 것이다. 저출산 대책만 추진할 게 아니라 오포세대와 혼놀족에 대한 대책을 병행해야 할 것 같다. 가정과 사회에서 오포세대와 혼놀족을 따뜻한 마음으로 감싸 안아 젊은이들의 의식이 바뀌도록 해야 한다. 젊은이들의 의식이 바뀌어 오포세대와 혼놀족이란 신조어가 사라지고, 두루 행복한 사회가 되었으면 좋겠다.

(2017. 2. 2.)

# 애주가들의 낙원

천년고도 전주는 예로부터 맛과 멋이 넘치는 예향의 고장으로 널리 알려져 있다. 특히 애주가들에게는 낙원이다. 술값 부담 없이 분위기 좋은 술집에서 멋지게 취할 수 있고 이튿날 모주와 콩나물국밥으로 해장 속풀이까지 시원하게 할 수 있으니 말이다. 전주에는 다른 곳에서는 맛보기 어려운 독특한 술맛과 속이 시원한 해장국이 있다. 전주의 가맥, 막걸리, 모주와 콩나물국밥이다. 예전에는 중앙부처에서 출장온 친구들에게 가맥 한잔하자고 하면 무슨말인지 잘 모르는 사람들이 많았다. 가맥이란 가게에서 마시는 맥주를 말한다. 가맥의 전통은 그리 오래되지는 않았으나 지금은 널리 알려졌다. 가맥은 음식 솜씨 좋은 가게 아주머니들이 호주머니가 가벼운 직장인이나 대학생 또는 노동자들을 위해 맥주를 팔면서 맛있는 안주를 만들어 싼값으로 제공하면서부터 시작되었다.

전주 가맥집의 원조격인 '전일갑오' 앞을 지나다 보면 진풍경을 볼 수 있다. 가게 앞에 재미있는 팻말이 걸려 있다. 포장 줄과 대기 줄이다. 손님들이 많아 줄을 서서 기다리는데 포장을 해가지고 갈 손님과 술을 마시고 갈 손님들이 구분해서 기다리라는 팻말이다. 전일 갑오는 전주시청 앞 노송광장에서 인쇄거리를 지나 전북대학교 평생교육원 옆에 있다. 그곳은 지금도 옛날 가게 그대로다. 가게에서는 과자나 생필품도 팔지만 주로 맥주를 마시는 손님들이 많다. 1층과 2층 합하여 7~80여 명이 앉아 술을 마실 수 있는 공간인데도 자리를 잡기가 수월치 않다. 밖에는 안주를 사가지고 가려는 사람들과 술을 마시려는 사람들이 줄을 서서 기다린다. 전일갑오가 이처럼 인기가 좋은 것은 가게 주인 아주머니의 변함없는 후덕한 인심과 음식 솜씨 때문이다. 이곳은 주인아주머니가 직접 스물 다섯가지의 재료를 넣어 만든다는 달짝지근하면서도 짭조름하고 매콤달콤한 맛의 간장 때문이다. 연탄화덕에 적당히 바삭하게 구운 황태와 갑오징어를 간장에 찍어 안주 삼아 맥주를 마시는 술 맛은 환상적이다. 맥주가 마른논에 물들어 가듯한다. 전일갑오에서 술을 함께 마셨던 서울 친구들은 가끔 전화를 하면서 전주만 생각하면 입에 침이 고인다고 한다.

전주에는 이름난 가맥집들이 많다. 전주 가맥집들은 입소문으로 유명해졌다. 전주에서는 해마다 8월 초에 가맥축제를 한다. 가맥축제는 가게마다 맥주에 어울리는 다양한 안주와 소스를 선보이며 전주만의 특별한 관광콘텐츠로 발전하고 있다. 축제 땐 하이트맥주

전주공장에서 당일 생산한 가장 신선한 맥주를 공급한다. 2016년 가맥축제를 찾은 수만 명의 참가자들이 밤새워 원샷을 외치며 마시고 이튿날 새벽 콩나물국밥과 모주로 속풀이를 하면서 이구동성으로 전주는 애주가들의 낙원이라고 했다고 한다. 전주의 모주와 콩나물국밥도 전주만의 특별한 맛이다. 전국 어느 도시를 가나 '전주콩나물국밥'이라는 간판을 볼 수 있다. 이는 전주콩나물국밥의 명성을 알 수 있는 증표다.

전주막걸리도 인기가 높다. 막걸릿집에 갈 때마다 느끼는 감회지만 역시 우리 전주는 맛과 멋이 어우러진 예향임을 실감한다. 막걸릿집마다 산수화나 서예작품 하나쯤은 기본으로 걸려있다. 한지로 만든 등불의 조명은 다정하고 따뜻한 전주 인심을 비춰주는 것 같다. 커다란 등에는 '정철의 장진주사(한잔 먹세그려)' 가사가 쓰여 있어 분위기가 한결 좋다. 술을 주문하면 먼저 전복죽이 나온다. 전복죽을 먹는 사이에 안주가 차려진다. 처음 나온 안주의 가짓수가 20여 가지나 된다. 막걸리의 주문량에 따라 안주가 계속 추가된다. 각종 생선회와 생선매운탕, 홍어탕도 나온다. 근사한 한정식상을 받는 느낌이다. 별도로 저녁 식사를 할 필요를 느끼지 않을 만큼 안주가 넉넉하다. 막걸리 맛도 좋지만 한국을 대표하는 음식의 본고장답게 나오는 안주마다 정성이 깃들고 맛깔스럽다. 역시 전주는 애주가들의 낙원이란 명성을 얻을 만하다.

# 5부

구향동굴의 추억

무이산 9곡계 뗏목 유람

무이산 천유봉

샹그릴라(香格里拉)

인상 여강쇼

중국어 현장학습 여행

중국어를 배우며

차마고도

# 구향동굴의 추억

오늘보다 더 젊은 날은 돌아오지 않는다. 여행은 가슴이 떨릴 때 다녀야 한다. 다리가 떨리기 시작하면 다니기도 힘들고, 감흥도 덜하다는 뜻일 것이다. 2017년 1월 1일 새해 첫날부터 여행을 떠났다. 전북여성교육문화센터 중국어반 동아리 회원들과 함께 중국어 현장 학습을 갔다. 학습지는 중국의 윈난성으로 정했다. 윈난성은 중국의 남서부에 있는 지역이다. 동북부는 미얀마, 남쪽으로는 라오스와 국경을 접하고 있다. 윈난(雲南)은 지명이 우리 고향 이름 운암(雲岩)과 비슷하여 친근감이 들었다. 지명이 말해주듯 주변 풍광은 가는 곳 머무는 곳마다 감탄사가 절로 나왔다. 대표적인 관광지로는 구향동굴, 대소석림, 송찬림사, 호도협, 차마고도, 옥룡설산, 인상여강쇼관람, 여강고성, 이해호수, 칭산케이블카, 서산용문 등이 있다. 『삼국지』에도 나오는 곳이다. 제갈량이 이 지역의 맹주였던 맹획을 일곱 번 사로잡아 일곱 번 풀어주었다는 칠종칠금이란 전설이 서린 지역이다.

구향동굴을 보지 않고는 윈난에 갔다 왔다고 할 수 없다고 한다. 구향동굴은 곤명에서 남동쪽으로 90Km 떨어진 곳에 있다. 구향동굴에 들어가 제일 먼저 놀란 건 규모와 아름다움 때문이다. 동굴 입구에서 승강기를 타고 한참 내려가면 커다란 호수가 나타난다. 깊은 동굴 안에서 커다란 호수를 보니 경이로웠다. 10인승 모터보트를 타고 20여 분간 절경 구석구석을 구경했다. 동굴이 너무 깊고 넓어 동굴인지 아닌지 헷갈렸다. 보트에서 내려 돌계단을 한참 내려가다 보면 엄청 많은 황토물이 사납게 곤두박질치듯 흐른다. 물소리가 너무커서 정신이 없다. 물소리가 커서 혼을 빼앗는다는 뜻의 칭훈샤(혼협)란 글씨가 새겨져 있었다. 혼협을 통과해서 작은 다리를 건너면 슝스다팅雄獅大廳이다. 15,000평방미터 넓이의 광장이다. 슝스다팅을 나와 오른쪽 계단을 따라 올라가면 각양각색의 종류석이 나타난다. 신녀궁의 화려함이나 계단식 논 같은 모습들은 어떻게 만들어졌는지 상상이 가질 않았다. 동굴은 6억 년 전에 형성되었고, 현재 관광객들에게 개방한 것은 일부분이라고 한다. 개방되지 않은 곳은 어떤 신비가 감추어져 있는지 궁금했다.

사진을 촬영하는 사람들 때문에 가끔 길이 막히곤 했다. 하지만 웬만한 솜씨로는 촬영을 하기 어려울 것 같았다. 눈에 담아오는 수밖에 없어 아쉬웠다. 신녀궁을 돌아 내려가면 두 개의 물줄기가 하나로 합쳐진 자웅폭포雌雄瀑布 일명 부부폭포가 위용을 자랑했다. 물줄기의 높이는 30여 미터로 엄청난 양의 물이다. 동굴 안에 이처럼 거대한 폭포가 있다니 정말 대단했다. 부러웠다. 우리 고향 운암에도 이런 동굴이 하나쯤 있었으면 좋겠다는 생각이 들어 힘든 중에도 웃음이 나왔다. 구향동굴을 구경하는 데는 3,400개의 계단을 오르내려야 한다. 동굴이 끝나는 지점에서 리프트까지 오르는데 여간 힘들지 않았다. 하늘이 보이지 않은 동굴 안에서 앞사람의 발뒤꿈치만 바라보고 오르고 또 올라도 끝이 없는 것 같았다. 가마꾼들이 있긴 했지만 자존심이 가마 타는 것을 허락하지 않았다. 왜소한 체구의 두 사람이 한 조가 되어 육중한 체구를 메고 가파른 계단을 오르는 가마꾼들의 모습을 보면 안타까운 생각이 들어 힘들어도 가마를 타고 싶지는 않았다. 그래도 가마꾼들을 도와주는 길은 가마를 타고 가는 것이라는 가이드의 설명에 고개를 끄덕였다. 힘겹게 하늘이 보이는 곳까지 올라 리프트 승강장에 도착했을 때는 큰 숙제를 해결한 느낌이었다.

리프트가 높기도 하지만 바람까지 살살 부는 데다 안전망도 없어 내색도 못하고 속으로 벌벌 떨었다. 그래도 운 좋게 두 사람이 타는데 옆자리 중국 청년이 탔다. 좋은 기회였다. 리프트카위라서 무섭기는 했지만 서툰 중국어로 대화를 나눌 수 있어 좋았다. 한국에 가본 적이 있느냐 물었더니 두 번 갔다 왔다고 했다. 우리나라의 넓은 바다와 아름다운 제주도를 관광하고 값싸고 품질 좋은 전자제품을 살 수 있어 좋았다고 했다. 우리나라에 좋은 감정을 갖고 있는 청년이란 생각이 들어 흐뭇했다. 몇 번이나 마음속으로 연습하고 물었더니 중국어를 잘하는 줄 알고 말을 자꾸 하는데 알아들을 수가 없어서 쩔쩔맸다. 역시 외국어는 어렵다. 내가 말하는 것보다 알아듣기가 더 어려웠다. 중국인 청년과 함께 찍은 사진이 있어 구향동굴을 여행했던 추억을 오래도록 잊지 못할 것 같다. 중국이란 나라는 가도 가도 볼거리가 많은 곳이다. 중국과 좋은 이웃이 되었으면 좋겠다.

(2017. 1. 8.)

# 무이산 9곡계 뗏목 유람

무이산은 중국 남부의 복건성에 있다. 9곡계는 무이산을 감고 흐르는 아홉 군데의 계곡을 일컬어 9곡계라 한다. 우리 일행은 2016년 1월 6일 인천공항에서 하문으로 갔다. 하문에서 2박을 하면서 남정현에 있는 전라갱, 유창루 토루와 탑하촌과 야시장을 관광하고 1월 8일 무이산을 찾았다. 하문에서 무이산까지는 쾌속열차(動車)로 3시간 정도 소요된다. 2등석을 탔는데 시설이 깨끗하고 시속 200km이상 달려도 전혀 흔들림이 없고 승차감도 좋았다. 무이산을 갈 때는 중국 국제여행안내원과 동승하여 서툰 중국어로 대화하느라 이곳저곳 둘러볼 겨를이 없었다. 돌아오는 길에 1등석을 둘러보니 좌석 공간도 더 넓고 퍽 고급스럽게 느껴졌다. 식당칸으로 이동하여 맥주와 안주를 주문했다. 맥주와 안주를 가져온 종업원이 복장은 단정한  차림인데 친절함이나 공손함은 찾아볼 수 없었다. 누가 주인이고 누가 손님인지 구분이 안 되었다. 거만스럽기까지 한 태도에 마음이 상했다. 운행 중에 차 안에서 승차권 검사를 하는 승무원의 태도도 식당칸 종업원과 별반 다르지 않았다. 시설은 선진국 수준인데 서비스의 질은 많이 뒤떨어졌다.

무이산 역에서 전용버스로 구곡계 뗏목유람장으로 갔다. 중국은 우리와는 관광지의 운영 체계가 다르다. 전용버스를 타고 뗏목유람장으로 바로 가도 되는데 풍경구에 도착하면 우리가 타고 간 차에서 내려 꼬마기차나 셔틀 버스를 이용 20여 분 정도 계곡 상류 뗏목장으로 이동한다. 중국은 어느관광지나 대부분 관광지내에서 셔틀 버스나 이와 유사한 교통 수단으로 이동한다. 옛 어른들이 재주는 곰이 넘고 돈은 왕 서방이 번다는 말이 맞는 말이다. 관광객의 입장에서 생각하면 비효율적이지만 관광지에 체류하는 시간도 늘리고 주차장이나 셔틀버스와 꼬마기차를 운영하면 일자리도 많이 생겨 관광소득도 향상될 것 같다. 돈을 버는 수단은 중국 사람들이 우리보다 한 수 위다. 우리나라 관광지에서도 벤치마킹 해 봄직하다는 생각이 들었다.

승선장에는 먼저 도착한 많은 사람들이 뗏목을 타기 위해 기다리고 있었다. 잡상인들이 여러 가지 물건들을 팔고 있는데 물고기 뜰채를 팔고 있어 퍽 허풍스럽게 느껴졌다. 아무리 물고기가 많다 해도 뗏목을 타고 가면서 뜰채로 고기를 잡을 수 없을 것 같아 웃음이 나왔다. 나중에 보니 전혀 허풍만은 아닌 듯 싶었다. 중간에 고기가 많은 곳은 월척이 넘는 고기들이 떼를 지어 다녔다. 빵 부스러기를 던져주면 받아먹으려고 뗏목 주위로 몰려드는 걸 보니 소질이 있는 사람들은 뜰채가 있으면 잡을 수도 있을 것 같았다. 뗏목은 한 척에 6명이 타도록 되어 있다. 우리들이 탄 뗏목에는 김정수 씨, 양명란 씨와 친구 박기순, 김숙형 씨와 정병선 부부가 함께 탔다. 중국 현지 가이드가 귀뜸을 해주어 사공들의 봉사료도 미리 주었다. 봉사료를 받아든 사공들이 금세 친절해지고 좋아했다. 사공은 앞뒤 한 사람씩 두 사람이었다. 앞 사공이 배의 방향을 조정하며 노를 젓고 뒤에선 사공은 노를 젓는 일도 돕지만 주로 해설을 했다. 처음에는 중국어로 빠르게 설명하여 전혀 알아 들을 수가 없었다. 서툰 중국어로 천천히 설명하라고 했더니 우리들이 중국말을 하는 것을 신기하게 여기며 중국어를 배웠느냐고 물었다. 중국어 현장 학습을 왔다고 했더니 천천히 자상하게 설명을 한다고 하지만 우리들이 알아듣기에는 어려웠다. 설명을 잘 알아들었으면 더욱 좋으련만 중국어 실력이 모자라 아쉬웠다. 중간에 인터넷에 떠도는 무이산에 대한 시를 중국어로 읊었더니 사공이 더욱 관심을 갖고 자상하게 설명하려고 노력하는 듯했다.

*山無水不秀,*
*水不山不淸,*
*曲曲山回轉,*
*峯峯水抱流,*
*산은 물이 없으면 수려하지 않고*

*물은 산이 없으면 맑지 못하다.*
*골짜기 골짜기마다 산이 돌아가고*
*봉우리 봉우리마다 물이 감아돈다.*

9곡에서 1곡에 이르는 골짜기마다 굽이굽이 기기묘묘하고 수려한 기암괴석이 끊임없이 새롭게 나타났다. 물도 맑고 깨끗했다. 골자기를 돌 때마다 탄성이 나왔다. 시인이 아니더라도 금방 시상이 떠오를 것 같았다. 물살이 빠른 곳에서는 속도감에 즐거워서 소리를 지르고 아름다운 경치에 취해 감탄사를 연발하며 모두 즐거워했다. 흐르는 계곡물에 대나무로 엮은 뗏목만 띄워 놓았는데 많은 관광객들이 모여 드는 모습에 대자연이 준 선물이 부럽기도 했다. 하나라도 더 설명을 해주려는 뱃사공의 성실한 모습이 고마웠다. 뗏목을 타는 시간은 보통 1시간 반에서 2시간 걸린다. 우리가 뗏목을 타고 제일 먼저 출발했는데 도착은 가장 늦었다. 여름에 한번 더 가고 싶은 곳이다. 여름에 비가 많이 내릴 때는 물이 많아 다소 위험할 수도 있겠지만 안전장비만 잘 갖추면 그리 위험하지도 않고 스릴이 있을 것 같았다. 여름이면 반바지 차림으로 뗏목을 타고 가다가 뜰채로 물고기도 잡고 수영을 하기도 하면서 한가롭게 구경하면 더욱 좋을 것 같았다.

(2016. 1.)

# 무이산 천유봉

무이산의 무이계곡과 무이정사는 1999년 유네스코가 세계복합유산으로 지정하여 세계인들이 많이 찾는 관광지다. 중국 복건성 사람들은 주희 선생님과 무이산을 많이 자랑한다. 무이산은 태산, 화산, 황산 등 중국 유명한 산들의 웅장함이나 기이함 수려함을 모두 갖추고 있다고 자랑하며 주희 선생님이 출생하여 후학들을 가르치던 곳이라는 긍지가 대단하다. 무이산에 가서 천유봉을 오르지 못하면 무이산을 갔다 왔다고 할 수 없다고 한다. 천유봉은 천궁을 유람하는 듯하다 하여 천유봉이라 한다. 주자학의 창시자 주희 선생님이 제자들을 가르쳤다는 무이정사武夷精舍가 천유봉 아래에 있어 우리나라의 선비들에게는 오랜 옛날부터 잘 알려진 곳이다. 주희선생님이 지은 「무이구곡가」의 영향으로 우리의 옛 선비들은 멀어서 무이산을 갈 수는 없었지만 무이산을 상상하며 많은 그림과 글로 무이산을 찬양했다. 주자는 성리학으로 우리의 옛 선비들에게는 숭앙의 대상이지만 여성들에게 전족을 장려했다 하여 원망의 대상이기도 하다. 무이정사에 들러 구경하고 기념 사진도 찍었다. 어린 시절 외할아버지가 가르쳐 주셨던 주자 10회론이 어느 한구석에 새겨져 있을 것 같아 찾아 봤지만 없었다.

천유봉은 폭포와 안개, 기암절벽이 어우러져 풍경이 아름답기도 하지만 무이산 9곡계를 한눈에 볼 수 있다니 무이산엘 가면 반드시 천유봉을 올라가 봐야겠다고 생각했다. 그리 높은 산은 아니지만 가파른 암벽 계단이 838개나 된다고 하여 은근히 걱정이 되기도 했지만 젊은시절 간혹 등산을 한 경험이 있어 나이는 좀 많다 해도 자신감은 있었다. 앞으로 오늘보다 더 젊은 날은 돌아오지 않을 것임을 생각하여 한 발 한 발 천유봉을 오르기 시작했다. 오르는 길이 외길이어서 입구에서는 사람들이 많았다. 한참을 오르다 보니 지쳐서 쉬는 사람들이 많고 중간에 포기하는 사람들이 있어 한산해졌다. 한 굽이 올라 주변을 둘러볼 때마다 뗏목을 타고 구경했던 9곡 골짜기들이 새로운 모습으로 나타났다. 땀이 흐르고 숨이 차서 힘들긴 해도 한 굽이 오르면 오를 때마다 더 아름다운 경치들이 기다리고 있으니 참고 참으며 오르고 또 올랐다.

중국 사람들은 허풍스럽고 우멍한 면이 있지만 멋있고 재미있는 사람들이란 생각이 들었다. 아홉계곡과 기암절벽, 산봉우리마다 허풍스럽고 익살스런 신화와 전설을 구구절절 만들어 전해준다. 용, 코끼리, 낙타, 사자, 원숭이 거북이 등 동물들과 엮어 만들기도 하고 예쁜 옥녀의 슬픈 사랑이야기를 하다가, 옥황상제는 물론이고 부처님, 관음보살 신선과 선녀도 등장한다. 선현들이 쓴 문집을 소개 하기도 하고 시를 읊기도 한다. 경치도 아름답지만 재미난 전설과 신화와 시가 있어 관광객들이 아름다운 경치에 취하게 하고 마음까지도 사로 잡는다. 우리도 전해 내려오는 신화와 구비문학 설화들을 잘 정리하여 자라나는 청소년들이 많이 알도록 하는 일에 힘써야 겠다. 다른나라의 전설과 신화는 많이 읽는 것 같은데 정작 우리의 신화와 전설을 잘 모르는 것 같아 안타깝다는 생각이 들었다.

드디어 천유봉 정상에 도착했다. 과연 무이산 으뜸 장소라 할 만했다. 뗏목을 타고 유람했던 9곡이 한눈에 내려다보였다. 정상에서 내려다보니 더욱 장관이었다. 감탄사가 절로 났다. 천유봉에선 눈을 어느 곳에 고정시킬 수가 없었다. 어디를 봐도 아름다웠다. 골짜기마다 봉우리마다 눈길 닿는 곳은 모두 절경이었다. 한참을 넋을 잃은 듯 아름다운 경치들을 보고 또 보며 오르느라 고생했다며 서로를 격려하기도 했다. 단체기념사진도 찍었다. 모두 사진 작가인냥 경쟁이라도 하듯 카메라 셔터를 눌러댔다. 아름다워 신비롭기까지 한 경치를 조금이라도 더 담아가고 싶어 했다. 그림을 잘 그리는 화가나 사진을 잘 찍는 사진작가, 글을 잘 쓰는 문인 모두가 덤벼도 무이산의 아름다움을 다 담아갈 수는 없을 것이라 생각했다. 그저 눈으로 보고 마음에 가득 담아올 수밖에 없었다.

(2016. 1.)

# 샹그릴라(香格里拉)

2017년 1월 3일 새벽 05시 30분, 단잠을 깨자 호텔을 나섰다. 쿤밍공항에서 국내선 비행기를 타고 샹그릴라로 향했다. 쿤밍에서 샹그릴라까지는 비행기로 한 시간쯤 소요되었다. 아침식사는 호텔에서 준비한 도시락으로 때웠다. 샹그릴라는 영국의 작가 제임스 힐튼이 쓴 소설『잃어버린 지평선』으로 유명해진 곳이다. 샹그릴라라는 단어는 유토피아, 에덴동산, 불교에서 말하는 정토라는 의미가 담겨있다. 이곳의 지명은 원래 다칭 티베트 자치주 중텐현이었는데 2001년 12월 17일 중국 국무원은 공식적으로 샹그릴라라는 이름으로 변경했다. 지명이 내포하고 있는 뜻만큼이나 깨끗하고 아름다운 곳이라 느껴졌다. 높은 산봉우리에는 만년설이 쌓여있고, 높고 푸른 하늘은 오염되지 않은 호수처럼 맑고 깨끗했다. 고산지역이어서 날씨는 서늘해도 햇빛은 강렬했다.

이곳에는 주로 장족들이 사는데 장족들에게는 독특한 문화가 전해오고 있다. 장족들은 나아서 죽을 때까지 거의 목욕을 하지 않는다고 한다. 성스러운 몸을 물로 씻는 행위는 죄악이라고 느끼기 때문이란다. 이런 습관은 강수량이 적은 고산지역이어서 물이 귀하기 때문에 비롯된 풍습일 것이다. 지금도 사람이 죽으면 조장을 하는 풍습이 남아 있다. 높은 산 정상에 조장을 하는 시설이 보였다. 조장은 죽은 사람의 시신을 새들의 먹이로 주는 장례문화다. 그래서인지 나르는 새들을 보면 으스스한 기분이 들었다. 물에 띄워 물고기들의 밥이 되게 하는 수장도 한다. 땅에 묻는 토장은 전염병 환자나 중죄인들만 토장을 한다. 화장은 일반적으로 금지하고 있으며, 고승들이 죽으면 탑장을 하기도 한다. 가족제도 또한 특이하다. 혼인은 일처다부제나 일부다처제다. 일처다부제는 한 여자가 여러 형제들과 가정을 이루거나 한 여자가 여러 남자들과 가정을 이루는 제도를 말한다. 일부다처제는 한 남자가 여러 자매와 가정을 이루거나 다른 여러 여자들과 가정을 이루어 산다고 한다. 지금도 이런 가족제도를 유지하면서도 가정이 화목하다니 도저히 이해가 되지 않았다.

샹그릴라에서 전용버스를 타고 북쪽으로 10분쯤 달리다 보면 광활한 초원과 산 사이에 거대한 건축물이 보였다. 멀리서 보아도 금빛 찬란하여 눈이 부셨다. 송찬임사다. 송찬임사를 가려고 계단을 오르는데 갑자기 어지럼증과 함께 가슴이 뻐근하고 숨이 차올랐다. 고산증세였다. 나뿐만이 아니었다. 일행 중 여러 사람이 고산증을 하소연했다. 가던 걸음을 멈추고 조금 지나니 괜찮았다. 고산증세는 수시로 나타났다가 가라앉곤 했다. 고산증세에는 비아그라가 효험이 있다는 말을 듣고 비아그라를 먹기도 했지만 효과가 있는지는 의문이었다. 송찬임사는 1679년에 착공하여 2년에 걸쳐 지어진 건축물로 건축양식이 금빛을 띠어 호화롭고 웅장했다. 5층 건물로 대전에서는 1,600여 명이 앉아서 경을 읽을 수 있을 정도로 크고 넓었다. 티벳의 작은 포탈라궁이라 불리기도 한다. 현재 승려는 700명에 달한다. 출퇴근하는 스님도 있고, 절에서 기거하는 스님도 있다. 장족들은 승려가 되는 것을 큰 영광으로 생각한다. 송찬임사에서 소원을 빌었다. 금일봉을 시주하고 노스님 앞에 머리를 숙였다. 스님이 무어라 주문을 외우며 머리를 솜뭉치 같은 걸로 한 번 툭 쳐주고 염주도 하나 주었다. 불교신자는 아니어도 우리 가족의 건강과 행복을 빌었다.

가이드의 섭외로 장족 민가를 방문했다. 고산지역이어서 야크나 양을 기르며 살아가는 현지인들은 문명에 때 묻지 않은 순수한 모습이었다. 차와 빵, 과자, 치즈 등 음식도 전부 가정에서 직접 만든 것이라며 많이 먹으라고 권하는 모습이 옛날 우리 농촌지역 사람들의 인정어린 모습을 보는 것 같았다. 샹그릴라는 자연도 사람도 때묻지 않았다. 마을 골목길엔 돼지들도 한가롭게 돌아다녔다. 돼지도 우리가 없이 그냥 키우는 것 같았다. 이곳도 얼마 가지 않아 문명에 찌든 사람들이 오가다 보면 자연도 사람도 오염될 것이란 생각이 들어 씁쓸했다. 발전을 서두르지 말고 전통을 지키며 지금처럼 순수하게 사는 것이 행복이란 걸 가르쳐 주고 싶었다.

(2017. 1. 13.)

# 인상 여강쇼

중국 남부의 윈난성 여강에서 본 '인상 여강쇼'는 감동적이었다. 중국은 나라도 크고 인구도 많지만 공연장 규모가 커서 놀랐다. 해발 3,200미터의 초원 지대에 만년설이 뒤덮인 옥룡설산(5596미터)을 배경으로 한 노천무대에서 공연이 이루어졌다. 우리가 공연을 관람하는 날(2017년 1월 4일)은 간간이 눈이 내렸다. 날씨가 그리 춥지는 않았으나 좀 어설펐다. 막상 공연이 시작되니 공연의 열기가 노천무대를 뜨겁게 달구었다. 주변의 모든 환경이 공연과 어우러져 공연장은 환상적이었다. 흩날리는 눈발이나 바람과 구름 가끔 허공을 나는 산새들도 공연 감독의 연출 계획에 따라 등장하는 것 같았다.

배우들은 전문 배우가 아니었다. 이 지역에 사는 소수민족 500여 명이 배우로 등장한다. 줄거리는 목숨을 걸고 험준한 차마고도를 넘나들었던 소수민족들의 삶의 이야기다. 장예모, 왕조가, 판웨 등 중국을 대표할 만한 영화감독들이 기획하고 연출했다고 한다. 장예모 감독은 영화감독으로도 유명하지만 중국 베이징올림픽 개막식과 폐막식을 총지휘하여 세계적으로 유명해진 감독이다. 장예모 감독은 현지인들을 배우로 출연시키려고 엄청난 노력을 했다고 한다. 현지인들은 현대문명을 등지고 농사를 짓거나 가축을 기르며 살아온 사람들이라 공연에 대한 상식이 전혀 없었다. 외지인들을 꺼려하고 공연 동참을 막무가내로 반대했다. 장예모 감독은 이 지역 사람들이 술을 좋아한다는 사실을 알고 술병을 들고 주민들을 찾아가 함께 술을 마시며 설득했다고 한다. 현지인들에게 일자리를 만들어주고, 조상들의 애환을 그리는 연극에 주인공으로 출연하여 자긍심을 갖게 해준 장에모 감독의 탁월한 식견은 존경받을 만했다.

여강은 차마고도가 시작되는 지역이다. 수천 년 동안 마방을 생계수단으로 삼아 소수민족들이 사는 곳이다. 공연은 500명의 배우와 말 100마리가 관중석과 공연장 주변 전체를 무대로 사용하여 역동적이었다. 관중과 배우, 말들이 다 주인공처럼 느껴졌다. 조상들의 삶의 이야기를 공연한다는 자부심으로 출연하는 배우들은 전문 배우는 아니어도 연기가 진지하고 힘이 있어 보였다. 마이크 없이 노래를 해도 목소리가 관중들을 압도했다. 마방은 한 번 떠나면 험준한 차마고도를 되돌아오기까지는 오랜 기간의 여정이 필요하다. 남성들에게는 삶의 무게와 역동성이 무겁게 느껴졌다. 여성들에게는 사랑하는 남편을 떠나보내며 안전하게 돌아오기를 간절히 바라는 안타까운 마음들이 대사를 알아듣지 못해도 잘 전달되어 마음이 찡했다. 공연을 보는 내내 어쩐지 슬프고 애잔한 느낌이 마음을 짓눌렀다. 마방들의 길이 얼마나 힘들었으면 한 번 떠나면 2년 후에 돌아오는 숫자가 절반밖에 안 되었다고 한다. 마방을 떠나보내고 혼자 남은 여인네들은 자기 몸만큼이나 큰 광주리를 지고 찻잎을 따며 고달픈 삶을 이어가야 했다. 소설 속의 이야기가 아니라 마방들의 실제 삶의 이야기를 무대에서 보여주는 것이기에 진한 감동이 전해졌다,

쇼는 6부로 진행되었다. 1부는 고도마방(古道马帮), 운남 지방의 차와 생필품을 싣고 티벳과 인도로 교역을 떠나는 마방들과 남아서 찻잎을 따며 힘겨운 삶을 이어가는 여인네의 애환이 그려진다. 사랑하는 가족과 고향을 떠나 행상에 오르는 남정네들과 고향에 남아 고단한 생활이 이어지는 여인들의 삶의 무게에 마음이 무거웠다.

2부 대주설산(对酒雪山), 험난하고 긴 여정에서 위풍당당하게 돌아오는 마방의 행렬이 감동적이다. 신나게 질주하는 말발굽 소리는 가슴을 뻥 뚫리게 했다. 고향으로 돌아온 마방들의 술잔치가 질펀하게 이어진다. 술을 마시는 장면이 흥겹고 진지했다. 고산증만 아니면 배낭에서 술병을 꺼내 한잔하고 싶은 마음 간절했다.

3부 천상인간(天上人间), 이곳 사람들은 옥룡설산에 제3의 세상이 있다고 믿었다 한다. 먼 옛날 부모의 반대로 사랑을 이룰 수 없었던 한 남녀가 옥룡설산으로 들어가 죽음을 택하며 내세를 기약한다는 애잔한 사랑 이야기다.

4부 타도가조(打跳歌俎), 500여 명의 출연자들이 전통 민속의상을 입고 무대 뒤에서 관중석으로 입장한다. 관중석 이곳저곳에 섞여 북을 두드리며 춤추고 노래하는 모습이 흥겹고 진지하다. 관중들도 덩달아 흥이 났다. 소수민족들의 노래로 우리나라 민요「도라지」와 비슷했다.

5부 고무경천(鼓舞敬天), 나시족들이 믿는 하늘을 숭배하고 자연을 사랑하는 동파교의 종교의식이다. 동파문화의 발원지로 천여 년의 화려한 역사를 갖고 있는 지역임을 실감했다.

6부 기복의식(祈福仪式), 옥룡설산을 향해 두 손을 모아 하늘에 소원을 빌면 소원이 이루어진다는 의식이다. 모두 함께 일어나서 소원을 빌면서 공연은 끝난다. 출연진들이 모두 퇴장할 때까지 박수가 이어졌다. 감동적이었다. 이제 여강 나시족 사람들은 대를 이어 연극배우로 살아갈 것이란 생각이 들어 마음이 흐뭇했다.

(2017. 1. 31.)

# 중국어 현장학습 여행

친한 친구가 중국어를 함께 공부하자는 말에 따라 중국어공부를 시작했다. 전북여성교육문화센터에서 매주 금요일 중국어를 배우기 시작한 지가 엊그제 같은데 3년이 지났다. 나이 들어 남의 나라 말을 배운다는 게 쉽지 않다. 포기하고 싶은 때도 여러 번 있었지만 다정한 친구와 함께 하는 시간이 즐겁고 가르치는 선생님의 열정 때문에 포기할 수가 없었다. 전북여성교육문화센터 임직원들의 친절하고 자상한 지원도 우리의 향학열에 큰 도움을 주었다.

중국어를 가르치는 독금화 선생님은 귀화한 한국인이다. 중국에서 사범학교를 졸업하고 선생님으로 재직한 경력이 있다고 한다. 선생님을 보면 초등학교시절 6학년 담임선생님 생각이 난다. 수강생을 배려하는 마음, 하나라도 더 알려주려는 열정, 가르치는 방법까지 꼭 닮았다. 수업시간에 간혹 중국 사람들의 평범한 삶의 이야기와 특이한 문화를 비롯한 고전도 소개하여 수업시간 내내 흥미롭고 즐겁다.

선생님의 열정이 수강생들의 마음을 사로잡아 수강생들도 적극적이다. 수강생들이 동아리를 만들어 매주 목요일이면 모여 친목도 다지고 중국어 학습을 보충하기도 한다. 동아리회원들이 모이는 날엔 선생님의 특강과 아울러 회원들과의 다양한 이야기들이 오가기도 한다. 동아리 시간의 수강료는 무료다. 이렇듯 중국어공부를 열심히 하다 보니 이구동성으로 중국어 현장학습을 가자는 의견이 분분하여 1년간 돈을 모아 중국 현장학습 여행을 갔다. 돈을 모으고 여행을 가기까지는 선생님은 물론 동아리 반장(永久班長) 안지은 회원의 열정도 한몫을 했다. 현장학습 여행지는 福建省 厦門(중국의 표준어로는 샤먼)과 무이산으로 갔다. 여행을 가기 전부터 카톡방을 운영하여 각종 정보를 주고받으며 즐거웠다. 여행을 가서도 즐거웠지만 여행을 준비하는 과정도 재미있었다. 중국어 공부를 더욱 열심히 하는 계기도 되었다.

샤먼은 중국 남부 해안의 인구 120만 정도의 도시다. 연평균 기온이 21도 정도로 온난한 지역이라 연중 꽃이 피는 해상의 낙원이라 한다. 볼거리도 많았다. 운남현의 토루와 야시장, 무이산 최고의 경치를 자랑하는 천유봉, 남송 유학자 주자와 관련된 문화 유적, 1년 내내 눈이 내리지 않는다는 숙장화원, 피아노박물관, 일광암 등, 가는 곳마다 눈을 즐겁게 했다. 볼거리가 많아 좋기도 했지만 식당이나 거리상점 가는 곳 만나는 사람마다 서툰 중국어로 한마디씩 대화를 주고 받을 수 있어 더욱 재미가 쏠쏠했다. 함께 공부한 동아리 회원들과 선생님이 옆에 있으니 말이 안 통하면 서로 도와줘서 의사소통이 잘되었다. 하문에서 무이산 가는 고속 열차에서 중국 국제여행안내원과 동승하게 된 세 시간 동안의 현장학습이 더욱 즐거웠다.

옆자리에 젊은 여성이 동승하여 처음에는 약간 어색했으나 용기를 내어 나는 한국인이라고 소개하고 중국인이냐고 물었더니 웃으며 상냥하게 천천히 알아듣기 쉽게 대답해 주어서 기분이 좋았다. 그래서 당신은 미인이고 총명하다고 칭찬을 했더니 더욱 상냥해진 느낌이었다. 칭찬은 고래도 춤을 추게 한다는 말이 맞는 말이다. 말문이 트이자 금방 친숙해졌다. 나 혼자였으면 어림도 없는 일이었지만 우리 동아리에서도 실력이 좋은 양명란 씨와 처음부터 중국어 공부를 함께한 김정수 친구가 옆에 있어 대화가 잘 이루어졌다. 우리가 서툴게 물어도 곧바로 알아듣기 쉽게 답변을 해주니 갑자기 중국어 실력이 향상된 느낌이 들어 어깨가 으쓱해지기도 했다. 대화중에 영 말이 통하지 않을 때는 선생님의 도움을 받기도 하며 시간가는 줄 모르고 묻고 대답하니 즐거웠다.

이름은 陳燕, 가족은 시부모님과 남편 그리고 아들이 하나 있다고 소상하게 알려주었다. 국제여행 안내원이라서 영어, 독일어, 프랑스어, 일본어 등 다섯 나라 말을 한다는 말을 들으니 중국 사람들의 모습이 새롭게 느껴졌다. 유감스럽게도 한국어는 한마디도 못해서 안타까웠다. 한국은 꼭 가보고 싶은 나라여서 앞으로 한국어 공부를 열심히 하여 2년 뒤 한국에 오겠다고 해서 한국에 올 때는 반드시 전주를 방문하라고 전주를 소개해 주었다. 우리가 가르쳐준 간단한 인사말을 또박또박 따라하는 모습을 보니 한국말도 금방 배울 것 같았다. 헤어지면서 미리 준비해간 안동 하회 각시탈 목걸이를 선물했더니 퍽 감격스러운 표정으로 감사하다는 말을 여러 번 했다. 지금도 탈 목걸이를 매만지며 기뻐하는 모습이 눈에 선하다. 우리의 고유문화를 알리고 정감이가는 선물을 주었다는 마음에 기분이 좋았다. 명암도 전달하고 이메일 주소도 받았다. 2년 뒤 우리나라를 방문하면 맛과 멋, 흥이 어우러진 전주의 한옥마을과 깨끗한 바다와 아름다운 섬 제주도를 구경시켜 주고 싶다. 전주의 맛과 멋, 흥에 취하고 깨끗한 에메랄드 빛 바다와 제주도의 아름다운 풍광에 틀림없이 감탄사를 연발할 것이다. 陳燕 씨의 한국 방문이 기다려진다.

(2016. 1.)

# 중국어를 배우며

중국여행을 처음 간 때는 1996년 6월이었다. 아내와 함께 4박 5일 일정으로 베이징을 여행했다. 우리와는 가까운 이웃나라지만 오랜 기간 왕래가 없었던 나라여서 약간 긴장되었다. 그러나 북경공항에 내려 입국수속을 마치고 공항대합실에 들어서면서 긴장했던 마음은 금방 진정되었다. 북경공항 내에서 짐을 나르는 짐수레가 전부 우리나라 대기업이 기증한 것이었다. 우리나라 대기업의 상표가 붙은 짐수레로 짐을 옮기니 우리나라 공항처럼 친근하게 느껴졌다. 시내 곳곳에 우리나라 기업들의 대형 선전 간판이 서 있어 우리나라 시가지처럼 느껴지기도 했다. 게다가 관광 안내원이 연변에 사는 우리 동포들이어서 의사소통도 불편함이 없었다. 관광지에서 관광 상품을 판매하는 중국인들도 한국말을 곧잘 하고, 한국말을 배우려는 모습이 진지했다. 도로를 달리는 자동차들은 우리나라에서는 자취를 감춘 지 오래된 삼륜차들이 모두 중국에 가 있는 것 같았다. 북경 시내를 걸어 다니는 중국인 남자들은 윗옷을 벗고 맨몸으로 다니는 사람들이 많고, 거지들이 많아 우리나라의 1960년대가 연상되었다. 젊은이들이 한국을 한 번 가보는 게 최대의 꿈이라는 말을 듣고, 우리나라 돈 1,000원의 팁을 받고 즐거워하는 모습을 보며 졸부의 근성이 나올까봐 조심했다.

그 뒤 2005년 3월 지방자치단체 국제교류 통상담당실장 연수차 중국에 갔을 때 큰 충격을 받았다. 2008년 올림픽 개최를 앞두고 중국이 빠르게 변화하고 있었다. 북경 시내의 폐허처럼 너저분하던 회색 건물들이 자취를 감추고 산뜻하게 정리되었다. 웃옷을 벗고 맨몸으로 다니던 사람들의 모습도 변했고, 공무원들의 자세도 자본주의 국가 공무원들보다 더 적극적으로 바뀌었다. 지방자치단체마다 외사판공실을 두어 세계화를 향해 발돋움하려는 의지가 엿보였다. 외사판공실 직원들의 외국어 실력도 대단했다. 우리 동포가 아닌데도 한국말이 유창했다. 그런데 더욱 놀란 건 한국어보다는 영어나 일본어, 독일어를 잘하는 사람들이 많다고 했다. 적을 알고 나를 알면 백 번 싸워도 위태롭지 않다는 손자병법을 잘 아는 나라 사람들이라 역시 다르다는 생각이 들었다. 우리는 영어에 너무 집중하다 보니 중국어는 물론 유럽어를 비롯한 다양한 외국어를 별로 하는 사람들이 없는 것 같아 걱정이다. 상해 포동지구 개발현장을 시찰했다. 황포강 동쪽에 있는 경제특구로 금융무역구, 보세구, 수출가공구, 첨단기술원 등 네 개 구로 개발하는 프로젝트였다. 세계 500대기업 중 140여 개 기업이 입주해있고 1,000만 달러 이상의 프로젝트가 400여 건에 달한다는 관계자의 설명을 듣고 부러움을 금치 못했다. 중국이 우리를 빠르게 따라오고 있다는 생각이 들었다.

2014년 중국에 갔을 땐 더욱 놀라웠다. 시원스럽게 쭉 뻗은 고속도로망, 대형 항만과 공항, 높이 솟은 빌딩들, 도로에는 값비싼 외제차들이 넘쳐나고 사람들의 차림새나 발걸음도 빨라졌다. 가는 곳마다 내국인 관광객들도 붐볐다. 세계의 대기업들이 모두 중국에 진출하여 세계경제의 각축장이 되고 있다고 한다. 우리의 교역량도 미국보다 중국이 많다고 한다. 시내 길을 걷다가 중국 사람에게 중국말로 기차역 가는 길을 물었더니 한국말로 가르쳐줘 모두 한참 웃었으나 웃을 일만은 아닌 듯싶었다. 우리 국민들은 물론 위정자들도 중국을 잘 모르는 것 같아 안타깝다. 중국과 교역량이 늘어나는 것은 경제발전의 기회도 되지만 위험 요인도 상존하고 있음을 알아야한다. 중국인들은 우리를 잘 아는데 우리가 중국을 잘 모르면 어떻게 될 것인지 곰곰 생각해 볼 일이다.

지난 4월 중국어 HSK시험을 봤다. 중국어를 공부하면서 자격증을 취득할 생각은 전혀 없었는데 중국어를 가르치는 독금화 선생님의 적극적인 주선으로 시험을 보게 되었다. 시험을 보기 전에는 스트레스도 약간 받았지만, 선생님께서 내 삶에 소중하고 아름다운 추억을 하나 더 만들어 주셔서 퍽 고맙다는 생각을 한다. 시험장엔 학생들과 사회 각계각층의 다양한 사람들이 참여했으나 열기는 그리 높지 않았다. 학생들 중에는 뜻이 있어 참여한 학생도 있지만, 학교에서 정규과목으로 공부하는 게 아니고 방과후 수업으로 하거나 아니면 학원에서 한다고 했다. 우리처럼 나이가 들어 하는 중국어는 나라에 별 도움이 되지 않지만 기성세대들이 중국을 이해하는 데는 다소의 도움이 될 수 있다. 문제는 학생들에게 중국어를 체계적으로 가르치는 방안이 마련되었으면 좋겠다.

우리는 중국과 교역을 하는데 다른 나라보다 장점이 많다. 우선 중국은 가깝기도 하지만 중국에는 우리 동포들이 많이 살고 있다. 국적은 중국이지만 우리 동포임에는 틀림없다. 우리 국민들은 중국에 살고 있는 우리 동포들과 서로를 이해하고 진정으로 가깝게 지내야 한다. 중국동포들은 지금도 우리가 중국과의 교류에 교두보 역할을 하고 있지만 앞으로 더욱 중요한 역할을 많이 할 동포들이다. 더불어 자라나는 청소년들에게 중국어를 비롯한 중국문화를 체계적으로 교육시켜 우리의 현실을 바로 알고 중국도 잘 아는 인재들을 많이 양성해야 하리라 생각한다.

(2015. 7. 25.)

# 차마고도

차마고도 여행을 앞두고 마음이 설레기도 했지만, 한편으로는 은근히 걱정이 되기도 했었다. 해발 2,000m~4,000m 높이를 극복하고 걸을 수 있을까? 가기 전에 나름대로 체력을 단련했다. 화산공원을 걷기도 하고, 외출할 때면 아파트 14층을 걸어서 오르내렸다. 차마고도는 중국 윈난성의 차와 티벳의 말을 맞바꾸려고 기원전 2세기부터 상인들이 오간 중국의 높고 험준한 옛길이다. 이 길로 소금과 약재 등 생필품의 교역이 이루어지고, 여러 민족 간 문화와 지식, 종교의 교류가 이루어졌다. 인류 역사상 가장 오래되고 험준하고 긴 교역로였다. 전성기에는 유럽까지 연결된 적도 있었다. 해발고도 4,000미터가 넘는 험준하고 가파른 길이지만 경치가 매우 아름다운 길이다. 물질문명과 교통이 발달하면서 영원히 묻혀 버릴 뻔한 역사의 현장을 2007년 KBS에서 6편으로 구성한 다큐멘터리로 방송하면서 유명해졌다. 기암절벽과 태고의 신비를 간직한 아름다운 풍경의 영상은 시청자들이 채널을 고정할 수밖에 없게 했다. 소수민족들의 때 묻지 않은 순수한 삶의 모습과 우리 국민들의 사랑을 받는 국민탤런트 최불암 선생님의 구수한 내레이션이 방송시간을 기다리게 했었다. 운남성에서 차를 파는 상점의 지배인은 KBS에서 방송한 차마고도는 중국인들에게도 크게 감동을 주었다면서, 한국의 수준 높은 방송기술과 방송인들의 의식을 높이 평가했다.

샹그릴라에서 여강까지 가는 길은 위험했다. 버스로 두 시간 반 정도 달리는데 오금이 저렸다. 급커브가 많고 천 길 낭떠러지가 내려다보이는데 좁은 길에 방호벽도 설치하지 않았다. 이렇게 높은 바위산에 도로를 개설한 중국인들의 토목기술이 놀라웠다. 2000년 전에 만리장성을 쌓은 저력을 발휘한 듯했다. 이번 여행길은 하루에 사계절을 체험했다. 호텔이 있는 곳은 해발 2,000m 정도다. 고도는 높아도 남쪽이라서 기온은 봄 날씨였다. 1월 초순인데도 우리나라에서 봄에 피는 매실이나 살구꽃이 피어나고 있었다. 버스로 이동하면서 산에 오르다 보면 가을도 만나고 겨울도 체험한다. 한참 달리다 보면 비가 내리기도 하고 눈보라가 휘날리기도 했다. 높은 고원지대임이 실감났다. 호도협 주차장에서 중도객잔까지는 빵차로 올라갔다. 완전 에스자(S) 코스다. 일방통행도 어려울 정도로 좁은 길이었다. 내려다보이는 낭떠러지는 현기증이 날 정도였다. 중간에 올라가다 밑을 내려다보니 언제 굴렀는지 깊은 낭떠러지에 우리가 타고 가는 차와 똑 같은 차가 휴지처럼 쭈그려져 방치된 모습이 보였다. 아예 구난을 포기한 상태인 듯했다. 험준한 바위산에 손바닥 만한 계단식 밭들이 그림처럼 펼쳐져 있었다. 옥수수 밭이었다. 이곳 사람들은 산양을 기르거나 옥수수 농사를 지으며 산다고 했다. 가이드는 우리가 탄 자동차가 빵처럼 생겼다고 해서 빵차라 한다고 했다. 우리 일행들은 커브 길에서 교행하기가 어려워 클랙슨을 빵~빵 자주 울리며 가야 하기 때문에 빵차라고 하는 것 같았다. 중도객잔 식당 옥상에서 점심을 먹으며 위룽쉐산(玉龍雪山)과 호도협을 한눈에 볼 수 있어 좋았다. 식당 시설이나 식단은 많이 향상되어야 할 것 같았다.

샹그릴라에서 리강까지 뻗쳐있는 해발 5,596m의 위룽쉐산은 히말라야산맥의 일부분이다. 옥룡설산이란 이름은 이 산의 산맥이 마치 은색 용이 춤을 추는 모습과 같다 하여 붙여진 이름이다. 옥룡설산에 손오공이 갇혀 있었다고도 한다. 호도협은 호랑이가 뛰어 건넜다고 해서 호도협이라 한다는 가이드의 설명은 허풍인 것 같았다. 중국인들의 익살스런 허풍은 참 재미가 있다. 호도협 계곡길은 태고의 신비를 그대로 간직한 듯 보였다. 바위절벽에 가려 하늘이 보이질 않는다. 좁고 험준한 길이다. 이런 험한 길을 걸어 교역을 한 옛 사람들의 삶의 모습이 눈앞에 아롱거렸다. 차마고도를 걷다 보면 간혹 현지인들을 만나기도 한다. 우리가 중국어로 물으면 알아듣고 대답을 하는데 말이 빠르기도 하지만 사투리여서 알아들을 수 가 없었다. 서로 의사소통은 원만하게 안 되어도 만나는 사람들마다 친절했다. 중도객잔, 옥룡설산, 호도협 장강제일만은 카메라에도 많이 담았지만 마음속 깊이 담겨져 오래도록 아름다운 추억으로 남을 것같다.

(2017. 1. 22.)

# 6부

# 아내의 정원

아침 일찍 일어나 창문을 열면 한란 향기가 집안에 가득 찬다. 아내의 정원엔 사계절 항상 꽃과 향기가 넘친다. 1년 내내 꽃을 구경하고 향기를 만끽한다. 요즘은 아잘레아, 제라늄, 한란, 보춘화가 서로 자태와 향을 시샘하는 듯하다. 아잘레아가 우리 집에 온 지는 20년이 넘었다. 아내의 생일 선물로 받은 화분인데 해마다 초겨울부터 아내의 정원을 화려하게 꾸며준다. 아잘레아는 꽃이 화려하기도 하지만 피는 기간이 길다, 11월 초부터 한 송이씩 천천히 피기 시작하여 2월이면 절정을 이뤄 해마다 설이면 우리 가족들에게 사랑을 많이 받고 3월까지 핀다. 제라늄은 꽃이 피는 시기가 정해져 있지 않고, 1년 내내 핀다. 두 개의 화분에서 분홍색과 빨간색 꽃을 경쟁이라도 하듯 피운다. 한란은 네 개의 화분에서 아홉 개의 꽃대가 나와 여든두 송이 꽃이 피었다. 난은 기품이 있고 꽃이 예쁘기도 하지만 향이 일품이다. 우리 집에 온 지 10년이 넘도록 꽃을 한 번도 피우지 않던 보춘화가 2월 중순 꽃대가 올라오더니 요즘 꽃망울을 터뜨려 아내를 기쁘게 했다. 토마도 열한 개가 아기주먹 만큼이나 실하게 열려 빨갛게 익었다. 앙증맞고 풍요로운 정경이다. 이밖에도 20여 개의 화분에 이름 모를 나무와 화초들이 있다.

아내는 씨 뿌리고 가꾸기를 좋아한다. 정원의 화초들은 물론 주말농장에서 채소를 가꿀 때도 온갖 정성을 다한다. 화초와 농작물을 돌보는 일을 아들이나 손자를 돌보듯한다. 누구나 자식이나 손자는 정성을 다하여 키우겠지만 아내가 아들이나 손자를 돌볼 때의 모습은 정말 지극정성이었다. 어머니도 간혹 동네 친구들에게 셋째 며느리네 손자들을 안으면 고소한 냄새가 난다고 하며 자랑하셨다. 농사는 우순풍조하면 풍년이 드는 것 같아도 농작물은 주인의 발 소리를 듣고 자란다는 속담이 맞는 말이다. 농작물은 농부의 사랑과 정성을 먹고 자란다는 뜻이다. 정원에는 일거리가 많다. 추울 때는 춥지 않게 더울 땐 덥지 않게 해준다. 햇볕을 싫어하는 화분은 가림막을 해주기도 하고, 양지쪽을 좋아하는 화분은 양지바른 곳으로 옮겨주기를 하루에도 몇 번씩 할 때가 있다. 물도 그냥 물만 주는 게 아니다. 쌀 씻은 뜨물을 주기도 하고 우유팩을 씻은 물도 준다. 새 흙으로 분갈이도 해 준다. 비료도 주고 별도의 영양제도 먹인다. 술도 먹이는지 어떤 때는 맥주로 잎을 닦아준다. 하늘이 하는 일을 다 해야 한다. 때론 벌과 나비가 되기도 한다.

아내의 정원에서 내가 해야 할 역할은 없다. 옆에서 좋은 구경꾼이 되어 준 것만으로도 아내는 만족해 한다. 간혹 아내가 오랜 기간 집을 비울 때면 한두 번 물을 주는 역할이 전부다. 오랜 기간 집을 비울 때면 며칠 전부터 물 주는 방법을 꼼꼼하게 알려준다. 화분의 꽃들은 나이가 상당히 많다. 대부분 10년 이상 아내의 숨소리와 심장 뛰는 소리를 들으며 아내의 사랑을 받고 자랐다. 아내가 서울 아들집에 간 지 일주일이 지났다. 아내의 정원에 물을 주며 하나하나 들여다보니 화분을 선물한 사람들도 생각나고, 화분에서 아내의 정성 어린 손길과 마음을 느낄 수 있었다. 화분의 꽃과 나무들이 아내를 닮아 가는 것 같아 화분마다 더욱 정겹게 느껴졌다. 정원에서 한참 동안 명상의 나래를 폈다. 아내의 정원은 새로운 꽃이 필 때면 대화의 소재가 되고 사진을 촬영하는 촬영장이 되기도 한다. 어린 손자들에겐 자연학습 체험장도 된다. 비록 베란다 한편에 꾸민 작은 정원이지만 많은 역할을 한 것 같아 새삼 정원이 크고 넓은 것처럼 보인다.

(2018. 3. 18.)

# 고희의 설날

일흔 살 나이를 고희古稀라 한다. 고희란 두보 시인의 곡강시曲江詩 "인생칠십고래희人生七十古來稀"에서 유래되었다. 두보 시인이 살던 때는 일흔 살까지 산 사람이 드물었기에 고희라 했지만, 지금은 고희라는 말이 별로 어울리지 않는다. 100세를 고희라 해야 될 것 같다. 그래도 일흔 살의 설을 맞으니 감회가 다른 느낌이었다. 설이 돌아오기를 손꼽아 기다리던 시절이 엊그제 같은데 어영부영하다 보니 일흔 살이 되었다. 어린 시절의 설은 어린이들에게는 낭만이었지만 어른들은 설을 맞이하노라 바빴다. 남자들은 정월이면 쉬는 날이 많으니 우선 땔나무를 많이 해 놓아야 했다. 날을 정하여 마을 주변 정리와 청소를 깨끗이 하고, 섣달 그믐 밤부터 칠 풍물도구를 정비하기도 했다. 여자들은 더 더욱 바빴다. 가족들의 설빔도 준비하고 유기그릇도 미리미리 정성스레 닦았다. 차례상에 올릴 음식준비를 하느라 미리 엿을 곱고 유과도 만들며 술을 빚는 등 섣달 내내 부산했다. 어린이들은 정월달에 날릴 연을 만들기도 하고, 쥐불놀이 할 때 불을 담아 들고다닐 깡통을 준비하면서 즐거웠다. 설 명절은 단순히 놀고 먹으며 즐기는 명절만은 아니었다. 일 년을 정리하고 새출발을 하며 조상님들께 차례를 지내고 부모님은 물론 가까운 일가 친척과 어른들을 찾아 뵙고 세배를 드리는 여러 가지 깊은 뜻이 담겨 있는 날이다.

설날 아침, 아들 내외와 손자들에게 세배를 받으며 모두 건강하고 가화만사성하기를 당부했다. 가족들과 함께 고향 선산으로 성묘를 갔다. 고향에는 부모님이 남겨주신 집이 섬진댐 재개발로 철거되어 받은 보상금으로 형제들이 뜻을 모아 2014년에 새로 지은 집이 있다. 형제들이 그곳에 모여 조카들과 손자들의 세배를 받았다. 모처럼 고향집이 시끌벅적했다. 손자, 손녀, 조카들 내외와 우리 형제들이 한데 모이니 30여 명 되었다. 형제들의 손자들은 6촌간이다. 촌수가 금방 멀어지는 현실을 실감했다. 어린 손자들은 촌수와는 상관없었다. 질부들이나 손자들은 설이나 추석이 아니면 만날 기회가 별로 없는데도 금방 어우러져 안부를 묻고 이야기 꽃을 피우는 모습을 보니 기분이 좋았다. 일가 친척은 지내기 나름이란 말이 맞는 말이다.

설날 새벽부터 인천공항까지 가는 고속도로가 막히고 인천공항이 북새통을 이루었다고 한다. 긴 연휴를 이용해 외국 여행을 떠나는 사람들이었다는 소식을 접하며 설이나 추석은 물론 손자들 방학때면 빠짐없이 찾아오는 아들, 며느리, 손자들이 고마웠다. 일가친척과 가족들이 한자리에 모이는 기회가 많지 않은데 명절에 고향에서 살고 있는 늙은 부모님을 찾지 않고 외국여행을 가는 세태가 개탄스럽다. 우리의 미풍양속이 오래도록 잘 지켜졌으면 하는 마음 간절하다.

세배를 마치고 성묘를 했다. 선산이 바로 우리 집 뒤에 있으니 가족들 모두 참여할 수 있어 좋다. 3대운동 기념비와 한영태 열사 묘소에 참배도 했다. 3대운동기념비는 임실군 지역에서 동학혁명, 3 · 1운동, 무인멸왜운동에 참여했던 분들의 얼을 기리고자 1984년 6월 운암초등학교 앞에 세운 비석이다. 한영태 열사의 묘는 운암면 지천리에서 2015년 10월 3대운동 기념비 옆으로 이전했다. 한영태 열사는 동학혁명에도 참여하였으며 3 · 1운동 때 독립선언문을 배포하고 앞장서 만세를 부르다 체포되어 조사를 받는 과정에서 동지들과 배후를 밝히려고 모진 고문을 하자 동지들을 보호하기 위해 혀를 깨물고 옷을 찢어 새끼를 꼬아 목을 매어 옥중에서 자결하신 분이다. 후손이 없어 운암면 주민들이 묘역도 관리하고 제사도 지낸다. 이곳에서는 3대운동에 참여했던 유족들과 운암면 주민들이 모여 매년 3 · 1절 기념행사를 한다.

집에 돌아와 점심을 먹고 손자들은 외가로, 아들은 처가로 며느리는 친정으로 떠났다. 아내는 며느리들에게 무엇을 싸주는지 분주했다. 설 준비를 하느라 바쁘고 힘들었을 아내에게 마음으로만 노고를 치하했다. 명절 때뿐만 아니라 평소에도 집안일을 할 줄 모르는 나에게 아내는 도움을 청하지 않는다. 손자들에게 옛날 이야기나 들려주고 바둑을 두는 게 내가 할 몫이다. 아들들이 다 떠난 집은 조용했다. 삶을 뒤돌아보니 잘 못 산 것 같은 생각이 들었다. 삶에대한 후회가 많으면 늙었다는 증좌라는데 맞는 말인 듯싶다. 이번 설에도 여느 설과 다름없이 앞으로 좀 더 보람있고 뜻있는 삶을 살 것을 다짐했다.

(2016. 2.)

# 형제들의 즐거운 일본여행

우리 형제들은 부모님이 별세하신 뒤 분기마다 부부동반 모임을 갖고 있다. 명절이나 제사 때만 만나기에는 너무 아쉽다며 모두 참석을 잘한다. 지난 가을 모임 때 막냇동생이 여행비 전액을 부담한다며 형제 부부동반 해외여행을 하자고 했다. 그간 여러 번 말했으나 사양하다가 큰형님이 더 늙기 전에 가자고 서두르는 동생의 제의에 모두 다 찬성했다. 큰형님은 금년 77세(喜壽)다. 큰형님과 막냇동생의 나이 차는 열일곱 살이다. 막냇동생은 중학교 때부터 대학 졸업 때까지 큰형님 댁에서 함께 살았다. 큰형수가 조카들도 많은데 동생 뒷바라지까지 하셨다. 동생은 어린 시절 공부를 잘했다. 초등학교 때는 6년간 1등을 놓쳐 본 적이 없다. 성격도 차분하고 성실하여 계속 반장을 했다. 6학년 때는 전교 어린이 회장이 되어서 부모님과 형들로부터 사랑을 많이 받았다.

큰형님은 물론 우리 형제들도 모두 다 황혼이다. 아직까진 형제가 모두 건강하니 천만다행이다. 여행은 한 살이라도 젊어서 가는 게 좋다. 여행은 마음이 떨릴 때 다니고 다리 떨릴 때는 가지 말라는 말이 있다. 나이 들면 아무래도 여행하는 데 어려움이 따르기 마련이다. 여행은 갈 때마다 설레고 즐겁지만 이번 여행은 각별했다. 우리 형제들이 부부동반 해외여행을 간다고 생각하니 며칠 전부터 밤잠을 설쳤다. 별의별 생각이 다 들었다. 어린 시절의 추억을 더듬다 밤마다 꿈을 꾸기도 했다. 부모님이 생존해 계신다면 얼마나 좋을까? 저승에 계신 부모님도 기뻐하실 거란 생각이 들었다. 여행사는 넷째 동생 친구가 운영하는 회사로 정했다. 세부일정과 여행사와의 계약 등 사전 준비는 해외여행 경험이 많은 다섯째 동생이 맡았다. 2017년 2월 23일부터 2월 26일까지 3박 4일 동안 일본 규슈 온천지역으로 갔다. 여행을 가기 전부터 꼼꼼한 다섯째 동생이 단체카톡방을 만들어 각종 여행정보를 전달하여 여행을 준비할 때부터 형제들 모두를 즐겁게 했다.

일본 규슈지역은 나이 많은 사람들이 여행하기에는 안성맞춤인 것 같았다. 겨울에도 날씨가 따뜻하고, 온천욕을 자주하니 피곤하지도 않았다. 아내는 첫째 비행시간이 짧아서 좋다고 했다. 현지에서 이동거리도 가까웠다. 여행사의 배려로 안내원도 친절하고 유능한 직원이 배치되었다. 안내원이 우리 형제부부를 동심의 세계로 되돌려 놓았다. 다자이후 텐만궁에서 황소 조각상을 매만지며 건강을 기원하라고 시범을 보여줬다. 사가현 다케오 신사에서는 3,000년이나 된 녹나무 앞에서 손자 손녀들이 공부를 잘하도록 기원하라고 했다. 가마도 지옥에서는 온천의 신기한 광경을 설명하며 쇼를 하는 사람이 외치는 소리, '신기하네.'와 '기특하네.'를 큰 소리로 따라 외치라고 했다. 연리목이 있는 곳에서는 애정을 다짐하는 포즈를 취하도록 권유하는 등 아름다운 추억거리를 만들어 즐겁게 하려고 노력하는 모습이 역력했다. 가는 곳마다 기념이 될 만한 장소에서는 체험을 하도록 권유하고, 갖가지 포즈를 취하도록 하여 기념촬영을 해줬다. 우리 형제들도 처음엔 서먹서먹했으나 안내원 성의가 고마워 즐거운 마음으로 잘 따라 한껏 즐거웠다.

밤이면 술을 마시며 밤이 깊어가는 걸 잊고 어린 시절 추억을 더듬었다. 우리 형제들이 어린 시절에는 경제사정이 어려워 농촌에서는 대부분 보릿고개를 넘기기 힘들었다. 그래도 우리 형제들은 부모님 덕에 배고픈 설움을 겪지 않고 어린 시절을 보냈다. 특히 어머니는 여덟 형제의 뒷바라지를 하시노라 고생을 많이 하셨다. 지금처럼 옷을 사 입지 않고 어머니가 손수 길쌈을 하여 지어 주셨으니 옷 수발만 해도 일이 많았다. "가지 많은 나무 바람 잘 날 없다."는 속담처럼 우리 부모님은 마음 편할 날이 없었을 것이란 이야기를 할 땐 코끝이 찡했다.

큰형님은, 어머니가 막냇동생을 각별하게 예뻐하신 까닭은 나이 들어 형제들의 우애에 윤활유 역할을 하라는 깊은 뜻이 있었던 모양이라고 말씀하셨다. 형제들 모두 고개를 끄덕였다. 막냇동생은 형이나 형수, 조카들에게도 잘하지만 조금도 내색을 하지 않는다. 여행을 마치고 돌아오는 길에 경기도 광명시에 있는 동생의 사업장을 둘러봤다. 드넓은 사업장을 둘러보니 동생이 더욱 대견해 보였다. 주변에서 저녁 식사도 대접받았다. 형제들 모두 흐뭇해 했다. 여행 기간 중 하느님도 우리 형제들의 여행에 일조를 해 주셨다. 여행기간 내내 비도 내리지 않고 날씨도 따뜻했다. 여행은 삶을 좀 더 여유롭게 하는 힘이 있다. 이번 여행을 계기로 우리 형제들이 더욱 더 우애하며 남은 인생을 건강하고 행복하게 살았으면 좋겠다.

(2017. 3. 3.)

# 2008년(戊子)을 보내며

○ 얹혀 사는 삶의 시작

2008년은 나에게는 의미 있는 해다. 1973년 7월 임실군 덕치면 사무소에서 9급 공무원으로 출발하여 2007년 12월 임실군 기획감사실장(지방서기관)으로 공직생활 34년을 마감하고 새 출발한 해이기 때문이다. 정년퇴임 뒤 아내와 나의 의료보험을 큰아들과 합했다. 곰곰 생각해보니 자식들에게 얹혀사는 삶이 시작된 것 같아 씁쓸하고 무언가 표현하기 어려운 허전한 기분이 들었다.

○ 어머니별세

어머니가 88세로 2008년 6월 27일(음력 5월 24일) 별세하셨다. 아버지가 2006년 2월 13일(음력 정월 대보름날) 92세에 돌아가셨다. 어머니는 비교적 건강하게 잘 지내셨는데 지난 정월 아버지 제사를 지낸 뒤부터 건강이 나빠졌다. 여러 병원을 다니다가 효사랑 병원에 입원하셔 두 달 정도 계시다가 별세하셨다. 시험 보고 난 뒤 틀린 문제만 자꾸 떠오르는 것처럼 어머니가 돌아가신 뒤 생각하면 생각할수록 잘못했던 일들만 떠올라 힘들었다. 어머니는 아들들이 많아 고생을 많이 하셨지만 다른 형제들보다 나 때문에 고생을 많이 하셨다. 나는 어릴 때는 몸이 약해서 병치레를 많이 하여 어머니를 고생시켰고 청소년기에는 무단가출을 여러 번 해서 어머니를 힘들게 했했던 기억이 많이 난다. 어머니 아버지 두 분 다 돌아시니 부모님 살아 계실 때 좀 더 잘할 걸, 생각하면 생각 할수록 후회가 남는다.

○ 둘째 아들 혼담

큰아들 석용이는 내 친구가 중매하여 나와 같은 직장 여직원과 결혼했다. 둘째 아들 중용이는 서른세 살이 되어도 사귀는 여자 친구도 없는 듯하여 아는 분들에게 중매를 서도록 부탁을 했으나 적당한 혼처가 나타나지 않아 다소 기다렸었는데 둘째 형수가 친구 딸을 소개하여 몇 차례 만나더니 처녀 부모님께 인사도 드리고 불원간 우리 집에도 함께 온다는 소식을 들었다. 다행히 아들 둘이 매사 생각하는 것들이 나와 비슷하여 아내와 나는 아들이 마음에 든다면 허락할 생각이다. 다소 늦은 감은 있지만 아들이 마음에 들어 하는 혼처가 생겨 여간 기쁘지 않다.

○ 열세 번째 이사

나는 결혼해서 부모님을 모시고 농사를 지으며 살다가 공무원 시험에 합격하여 1973년 7월 임실군 덕치면으로 첫 발령을 받아 하숙을 하면서 주말 부부로 지냈다. 그시절에는 교통이 불편하여 출퇴근하기가 어려웠다. 부모님이 여러 차례 권하여 덕치면 회문리로 처음 이사를 하면서 분가했다. 그 뒤 고향인 운암면으로 발령을 받고 부모님을 모시고 살 생각으로 이삿짐을 싣고 집에 도착하니, 부모님께서 기왕 분가했으니 따로 살자고 하시어 한동네 임채춘 씨 집 방 한 칸을 얻어 이사를 했다. 그 뒤 내 집을 마련한 1986년까지 열 번을 남의 집 셋방살이를 했다. 우리 또래들은 나뿐만이 아니고 대부분 결혼해서 분가하면서 셋방으로 출발해서 살아가면서 집을 장만했었다. 이번에는 전주시 완산구 태평동 성원로얄맨션 806호에서 13년을 살다가 진북동 우성아파트 117동 1405호로 11월 19일 이사했다. 오래된 아파트지만 깨끗하게 수리해서 이삿짐을 옮기고 들어와서 살다 보니 아내도 만족해 하고 나도 흡족하지는 않지만 그런대로 정붙이고 살아볼만 하다고 생각한다.

○ 동학농민혁명참여자의 유족 등록통지서를 받았다.

우리 형제들은 2008년 5월 동학농민혁명 참여자명예심의위원회 위원장으로부터 동학농민혁명참여자의 유족 등록 통지서를 받았다. 통지서 내용은 우리 증조할아버지(최승우)께서 1904년 3월 백산봉기에 참여하고 7월에는 도집강의 직책을 맡아 폐정개혁에 나섰으며 11월 김홍기와 함께 남원성 전투를 주도하다 패전한 후 회문

산 으로 도피하여 6년간 은신했다는 내용이다. 100여 년 전 동학농민혁명에 참여했다는 유족 통지서를 받고 아버지 생각이 났다. 아버지가 살아계시면 얼마나 기뻐하시고 하고 싶으신 말씀이 많았을까? 간혹 혼자 독서를 하다가도 아버지 얼굴을 떠올려 보지만 동학농민혁명참여자의 유족통지서를 받고 아버지 생각이 많이 났다.

○『대한문학』 겨울 호에 신인상 수상

등단 소식을 전화로 전해 듣고 무척 기뻤다. 전화를 받는 그 순간, "나 등단했다!"라고 크게 외치고 싶었다. 등단작품은 「까치가 쪼아 먹은 홍시」와 「머슴들에게 영혼을」 이란 작품이다. 대한 문학상 시상식은 2008년 11월 22일 고창 선운산 관광호텔에서 거행되었다. 시상식장에는 김학 교수님을 비롯하여 행촌수필 김정길 회장, 함께 공부하는 전북대학교 평생교육원 수강생들이 많이 참석해서 고마웠다. 가족들도 둘째  형님과 형수, 아내와 아들, 며느리, 손자 재경이 재현이까지 참석하여 축하를 해주어 기분이 좋았다. 수상자 대표로 수상소감도 발표했다. 수상 소식이 지방일간지에 보도되어 친구들과 선후배들로부터 축하와 격려를 많이 받았다. 34년이라는 긴 세월 동안 지방행정에서 일하다가 정년퇴직을 하고 전북대학교 평생교육원 수필창작과정에 입문하여 그간 공직생활을 하면서 느낀 일들을 글로 표현하려 했으나 쉽지 않았다. 그러나 김학 교수님의 친절하고 자상한 지도에 힘입어 용기를 내어 글쓰기를 시작했다. 교수님은 나의 글에서 기안문 냄새가 난다는 말씀을 자주 하시지만 평생 기안 문서를 작성하면서 살아온 나로서는 쉽게 고쳐지지 않는다. 이제부터는 내가 살며 보고 듣고 느끼고 깨달은 이야기와 살아가면서 짚어 보아야 할 일 들 가운데서 좋은 글감을 찾아오감五感을 동원하여 진솔하게 글로 쓰고 싶다.

○ 종중에서 받은 감사패

어린 시절에는 시제 때 삶은 계란이나 떡을 얻어먹으려고 시제에 자주 참여하였으나 나이 들면서부터는 시제에도 자주 빠졌는데 금년 여름 최풍성 종친회장님께서 감사패를 준다고 종중회의에 참석하라는 연락을 받고 기쁘기보다는 쑥스러운 생각이 들었다. 나보다 종중을 위해 봉사하신 어른들이 많은데 내가 감사패를 받는 것은 앞뒤가 바뀌었다는 생각이 들어 감사패를 받으면서 종중 어른들에게 나보다는 종춘 대부께서 받아야 할 감사패를 내가 받아 도리가 아닌 것 같다는 말씀을 드리고 앞으로 더욱 종중 일 잘하라고 하는 뜻으로 받아들이겠다고 했다.

○ '좋은 사람들' 대마도 부부동반 여행

'좋은 사람들' 모임은 1998년 임실군청 재무과에서 함께 근무한 좋은 사람들로 이루어진 모임이다. 모임 이름은 이상덕 아우가 지었는데 처음에는 다소 어색한 느낌도 들었으나 지나고 보니 이름을 잘 지었다는 생각이 든다. 평소 좋은 사람이란 생각이 들지 않다가도 우리들이 모이는 날에는 모두가 좋은 사람이 되니 얼마나 모임이름이 좋은가 말이다. 좋은 사람들 부부 일행이 일본 대마도對馬島를 여행했다. 2008년 6월 21일은 부산에서 배를 타기 전부터 궂은비가 하염없이 내리고 있었다. 그 비는 정략적으로 대마도 번주 소 다케유키 백작과 결혼하여 한과 설움 속에서 살다가 결국 이혼하고 귀국 뒤 낙선재에서 세상을 떠난 고종황제의 딸 덕혜옹주의 눈물이 아닌가 하는 생각이 들었다.

대마도와 후쿠오카와의 거리는 138km고, 우리나라와는 49.5km로 우리나라가 지리적으로 훨씬 가깝다. 대마도는 우리나라의 영향을 많이 받았을 뿐더러 고려말과 조선조 초기에 우리가 점령했던 적도 있어서인지 그곳에 거주하는 일본인들의 생김새도 일본 본토 사람들과는 달리 우리와 비슷한 것 같기도 하다. 산이나 들에 자라는 나무와 야생화 그리고 풀들은 물론 노루와 토끼, 꿩, 비둘기, 참새 등 동식물들도 우리나라에 있는 것들과 같다. 대마도 시청에서는 점심때가 되면 「고향의 봄」 이란 우리나라 노래를 들려주어 외국에 왔다는 생각이 들지 않을 정도였다, 대마도여행은 집에서 손자를 보느라 고생을 많이 하는 아내에게 다소 위안이 된 듯하여 마음이 흐뭇했다.

○ 좋은 인연들과 새로운 만남

어린 시절 아버지는 좋은 친구들을 많이 사귀는 것은 세상을 살아가는 데 큰 도움이 된다는 말씀을 자주 하셨다. 나도 자식들에게 친구의 중요성을 자주 이야기한다. 그러나 좋은 친구를 만나고 사귀기가 쉬운 일이 아니다. 그간 살아오면서 사귄 좋은 친구들이 많다. 정년퇴임 뒤 글을 쓰면서 새로운 친구들이 많이 생겼다. 같은 강의실에서 함께 공부를 하다 보니 짧은 기간에 친해졌다. 수필을 쓰다

보면 스스로의 삶이 드러나 서로 상대를 쉽게 알 수 있어 짧은 기간에 흉금을 털어놓고 이야기할 수 있을 정도로 빨리 친해진 것 같다. 좋은 친구를 만들려면 나 자신부터 좋은 친구가 되어야 한다. 새로 만난 문우들과 더욱 좋은 친구로 오래오래 지내고 싶다.

해마다 마지막달 달력을 펼치면 연초에 다짐했던 일들을 생각하면서 괜히 부끄러워지고 후회스럽다. 그러면서도 돌아오는 새해 또 지키지도 못할 계획들을 구상하고 다짐해본다. 2008년을 보내면서 회고해 보니 개인적으로는 별로 잃은 게 없지만 나라 전반적으로 생각해보면 잃어버린 1년이 아니라 도둑맞은 1년인 것 같다. 누군가에게 지갑 속에 넣어둔 돈은 물론 마음까지 도둑맞은 느낌이다. 대통령 잘 못 뽑아 5년 내내 스트레스 받으며 살아야 할 것 같다. 다가오는 2009년에는 우리 가족 모두 건강하고 성실하게 살고, 나라도 경제위기에서 벗어나 활력이 넘치며, 국민들 모두의 꿈과 소망이 이루어지는 한 해가 되었으면 좋겠다.

# 2009년(己丑)을 보내며

2009년은 국가적으로는 두 분의 전직 대통령이 서거한 불행한 한 해였다. 노무현 대통령은 대통령의 권위를 내려놓아 서민들의 마음속에 이웃집 아저씨 같은 친근함을 갖게 하였다. 퇴임 뒤에는 굽은 나무도 지키지 않고, 못난 자식이나 잘난 자식이나 다 떠나버려 노인들만 남아있는 농촌의 고향을 지키기 위해 낙향하였다. 농촌에 사는 사람들은 자전거를 타고 마을길을 달리며 못자리판에서 농부들과 어울려 모판을 나르고 막걸리잔을 주고 받는 대통령의 모습을 보면서 행복해 했다. 그래서 노무현 전 대통령은 봉화마을 뒷산에 묻힌 게 아니라 국민들의 가슴에 묻힌 것이다.

민주주의 실현을 위해 납치, 투옥, 망명, 가택연금, 사형선고에도 굴하지 않고 바위틈의 인동초같이 피어난 김대중 대통령이 서거하여 우리를 슬프게 하였다. "행동하지 않는 양심은 악의 편이다."라는 명언으로 지식인들을 민주화에 참여케 했다. 통 크게 북한을 방문하여 남북통일의 단초를 마련하였으며 노벨 평화상을 우리 국민들에게 처음으로 안겨주신 대통령으로서 오래도록 국민들의 가슴에 남을 것이다. 아내와 나는 세 살배기 재현이를 데리고 대통령님들의 빈소를 찾아가 조문을 했다. 아들들에게도 전화해서 조문을 하도록 했다. 2009년 우리 집은 좋은 일도 많았고 어려운 일도 많았던 한 해였다.

○ 둘째아들 중용이 결혼

서른셋을 넘기고서야 둘째 아들 중용이가 결혼을 했다. 둘째 형수가 소개해준 아가씨를 몇 차례 만나 데이트를 하더니 마음에 든 모양이었다. 며느리 후보가 우리 집을 방문한다는 전갈이 왔다. 아내는 궁금해서 어쩔 줄 몰라 했다. 전화로 별걸 다 물었다. 키, 눈, 피부, 학교, 가족사항, 성격, 종교, 좋아하는 음식까지……. 나도 궁금하기는 마찬가지인데 나에게는 틈조차 주지 않았다. 1월 11일 아들과 함께 온 며느릿감의 첫 인상이 마음에 들어 기분이 좋았다.

교육자 집안에서 가정교육을 잘 받고 순탄하게 자란 티가 났다. 이화여자대학교를 졸업하고 대기업에서 근무하다가 지금은 중학교 수학선생으로 근무한다고 했다. 점심식사를 하고 차를 마시면서 찬찬히 보니 더욱 마음에 들었다. 중용이도 처녀 부모님께 인사드리고 마음에 들면 양가 부모님들과 상견례를 갖도록 하자고 했다. 1월 25일 상견례를 하자는 연락이 왔다. 소개를 한 둘째 형님 내외와 리베라 호텔에서 상견례를 했다. 사돈될 분들의 첫인상이 무척 순해 보였다. 전형적인 교육자 가족이었다. 결혼할 당사자들이 과년하고 서로 마음에 들어 하니 양가 부모들 모두 흐뭇한 마음으로 결혼을 승낙했다.

택일은 원래 신부 집에서 하는 것이 법도지만 택일을 잘하는 집안 어른이 계시기에 우리가 하기로 했다. 2월 6일 택일을 하기 위해 고향에 살고 계신 종춘 대부님을 찾아가 택일도 하고 사성과 혼서지도 썼다. 결혼 날짜는 5월 3일 오시로 나왔다. 결혼 날짜를 정하고 부모님 산소를 찾아가 성묘하고 중용이가 결혼하게 되었다고 말씀드렸다. 부모님 생전에 혼인을 했으면 얼마나 좋았을까. 부모님이 크게 기뻐하셨을 텐데 몹시 아쉽고 허전해서 몇 번이나 뒤돌아 봤다. 혼인 날짜를 정하고 형님들과 동생들 부부를 초청하여 중용이가 혼인하게 되었음을 알렸다. 중용이와 결혼할 아가씨도 참석하였다. 형제들은 물론 형수님과 제수씨들도 모두 축하해 주셔서 기분이 흐뭇하였다.

3개월 전에 받은 날이지만 결혼 날이 금세 돌아오는 듯했다. 나야 하는 일이 없지만 아내는 상당히 바쁜 것 같았다. 예단 준비는 물론 신접살림을 차릴 아파트 수리도 아내 몫이었다. 5월 3일 혼인날은 날씨가 무척 좋았다. 일가친척들과 많은 하객들이 참석해 주셔서 퍽 고마웠다. 혼인식에서 축가를 부른 국악인이 결혼식장의 분위기를 한껏 띄웠다. 노래도 잘 부르지만 분위기를 잘 이끌어 퍽 인상적이었고 참석자들 모두가 즐거워했다. 혼인식을 마치고 폐백을 받으면서 세 가지를 당부했다. 부부간에 서로 사랑할 것이며, 형제간에 우애하고, 사회에 봉사하면서 살라고 했다. 아들 둘 다 혼인을 치르고 나니 홀가분했지만 마음 한구석이 허전하기도 하고 쓸쓸한 생각도 들었다.

○ 아내의 건강검진

아내는 건강한 편이다. 그래서인지 건강검진 받기를 싫어한다. 나는 정년퇴임을 앞두고 2년 전에 건강검진을 받고 금년에도 건강검진을 받았다. 아내는 금년에 건강관리공단에서 실시한 건강검진을 받아야 할 해다. 아내를 설득해서 몇 년 만에 건강 검진을 받았다. 검진 결과 초음파 검사 등 정밀검진을 받으라는 소견서가 배달되었다. 대학병원에 가서 상담을 했더니 접수 뒤 40~50일을 기다려야 한다고 했다.

개인병원을 찾아가 초음파 촬영을 한 결과 조직검사를 해야 한다는 의견이었다. 앞이 캄캄했다. 조직검사를 받고 결과가 나오기까지 기다림의 시간은 하루가 여삼추였다. 밤이면 아내가 잠을 이루지 못하고 걱정하는 모양이 안타까웠다. 별 탈은 없을 것이니 너무 걱정 말라고 위로는 하면서도 나도 걱정이 되어 괴로웠다. 아들들에게 알리지 않으려 했는데 아들들에게 알려야겠다고 생각했다. 집에서 전화를 할 수가 없어 밖에 나와 아들들에게 알렸다. 병원에서 결과를 알려준다고 한 날에 맞추어 큰아들이 왔다. 큰아들과 함께 병원엘 가면서도 아무 말도 하지 않았다. 병원에 가서 순번을 기다리는 한 시간 정도가 얼마나긴지, 피를 말리는 기분이었다.

순번이 되어 진찰실에 들어서니 의사선생님이 환하게 웃으며 걱정 안 하셔도 된다고 하는데 너무 기뻐 눈물이 났다. 그래도 3개월~6개월 뒤 병원에 와서 검진을 받아야 한다는 의견이었다. 조직검사를 받고 결과가 나오기까지 며칠 동안 일체 외출도 하지 않았다. 너무나 걱정되어 아무것도 할 수가 없었다. 가족들의 소중함을 많이 생각하는 계기가 되었다. 며느리들도 다 왔다. 가족들이 함께 걱정하고 함께 즐거워 한다는 게 얼마나 소중한 일인지 실감했다. 가족들과 친한 사람들이 서울의 유명한 병원에 가서 다시 한 번 검진을 받아보라는 의견들이 분분하여 서울에 가서 재검진을 받았다. 서울에서도 별로 걱정할 일이 아니라는 진단이 나와 더욱 안심이 된다. 이번 아내의 건강검진을 계기로 건강의 중요성과 건강은 건강할 때 지켜야 됨을 새삼 깨닫게 되었다.

○ 임실군 결산검사 참여

임실군 의회 김학관 의장으로부터 2008년도 예산에 대한 결산검사를 해달라는 전화를 받았다. 작년에도 전화가 왔었는데, 의회에서 신임해 준 건 고맙지만 퇴임한 지 1년도 안 되어 함께 근무했던 공직자들을 상대로 의회의 입장에서 결산검사를 한다고 생각하니 선뜻 내키지 않아 정중하게 사양한 적이 있었다. 그래서 금년에는 의회의 의견을 받아들여 결산검사위원으로 위촉을 받아 결산검사를 했다. 기간은 2009년 5월 26일부터 6월 14일까지 20일간이었다. 첫날 의회에 출근하여 의회의장으로부터 위촉장을 받고 결산검사장에 들어가기 전에 각 과를 방문하여 인사를 했다. 나도 반가웠지만 모두 반갑게 맞아주어 퍽 고마웠다. 군수가 불미스런 사건에 연루되어 권한대행 체제에 있어서인지 공직자들의 사기가 저하되어 있어 퍽 안타까웠다. 지방의회가 1992년에 개원되어 매년 결산검사를 하고 있어 공직자들이 미리 결산검사를 염두에 두고 일처리를 하므로 예산 집행과 관련되어 크게 잘못된 부분은 별로 발견되지 않아 다행이었다.

의회의 입장에서 제3자적인 관점에서 바라보니 개선해야 할 일이나 공직자들의 무사안일한 업무처리로 예산이 낭비된 사례들도 눈에 많이 띄었다. 후배공직자들의 잘못된 부분을 지적하게 되어 입장이 다소 어렵기도 했다. 결산검사위원장이 선배 공직자 출신으로 지방행정을 잘 아는 의원이어서 결산검사를 하는 데 어려움 없이 결산 검사위원으로서의 역할을 수행할 수 있었다.

○ 바둑대회 장려상 수상

나는 어린 시절에 아버지에게 바둑을 배워 바둑을 두기 시작한 지는 50년이 넘었다. 바둑을 좋아하여 지금도 시간이 날 때면 기원에 나가 친구들과 바둑을 두며 소일하기도 한다. 그러나 책을 보고 공부를 하거나 고수에게 지도를 받은 적이 없어 바둑 실력은 변변치 못하다. 그런데 임실군 행정동우회장님의 권유로 지방행정동우회 전북지회에서 개최한 시 · 군 대항 바둑대회에 임실군 선수로 참가하여 장려상을 받았다. 상장과 부상으로 도자기 그릇세트를 받았다. 기력이 강해서라기보다는 대진 운이 좋았다는 생각이 들었다.

○ 수족구병에 걸린 재현이

세 살배기 둘째 손자 재현이는 제 엄마와 떨어져 우리 내외와 함께 살고 있어 항상 측은한 생각이 든다. 그래도 건강하게 잘 커서 다행이다 생각했었는데 지난 4월 수족구병에 걸려 크게 고생을 했다. 수족구병은 손과 발과 입안에 물집이 잡히고 높은 열을 동반하는 질병이다. 특히 입안에 물집이 잡히니 아파서 음식을 먹지 못하는 데다, 높은 열까지 동반하여 잠도 못 자고 여간 괴로운 병이 아니다. 이제 두 돌을 겨우 넘긴 재현이가 이런 고약한 병에 걸렸으니 얼마나 괴로웠을까? 지금도 그때만 생각하면 가슴이 아프다. 아내도 입술이 부르트고 심한 몸살을 앓았다. 손자를 키우면서 많은 것을 깨닫는 계기가 되었다. 후손들이 똑똑하고 훌륭하게 자라 사회에 크게 이바지할 인재로 크는 것도 중요하지만, 무엇보다 건강하고 바르게 크는 것이 더 큰 소망임을 알았다.

○ 신화와 미술사 공부

오남석 국정원 정보처장이 명예퇴임을 하고 전북대학교 평생교육원에 신화와 미술사반을 개설했다. 평소 신화를 좀 알았으면 하는 생각을 했던 터라 1번으로 등록했다. 오남석 처장은 로마 그리스 신화는 물론 미술사와 음악사 그리고 종교사에 대하여 폭 넓고 깊은 지식이 있다. 교재도 오남석 처장이 저술하여 원생들에게 무료로 주셨다. 아는 것만큼 보인다는 말이 있다. 유럽 여행을 하다 보면 신화와 관련된 유적이나 미술품들을 많이 대하게 되는데 그 분야에 대한 기본적인 소양이 너무 부족함을 느꼈다. 기본적인 지식 없이 여행을 해서인지 유럽을 세 차례나 여행했어도 별로 머리에 남은 게 없다. 한 학기를 공부했는데 아직도 부족한 게 너무 많아 다음 학기에도 등록해서 더 공부를 한 뒤 유럽을 다시 한 번 여행할 생각이다.

○ 부부동반 동해안 여행

아내는 친구들과 어울리기를 좋아하고 여행도 좋아하여 나와 함께 여행을 자주 했었다. 요사이 몇 년 손자들을 키우게 되어 친구들과의 모임에도 참석하지 못할 뿐더러 여행은커녕 외출 한 번 제대로 못하여 퍽 미안하고 안타까웠다. 그런데 마침 임송회 모임에서 부부동반으로 동해안 여행을 하자고 해서 퍽 반가웠다. 재현이는 외가에서 돌봐주기로 해서 사돈 내외가 고마웠다. 동해안은 아내와 여러 차례 여행했지만 모처럼 일상에서 벗어나 여행을 한다는 자체가 홀가분하고 즐거웠다.

임송회 모임은 오래전에 임실군 출신 각계의 공직자들로 구성된 모임으로 부부동반으로 외국여행도 다녀오고 자주 만나는 사이여서 내외간에 허물이 없어서 더 좋았다. 동해안은 관광자원도 풍부하고 좋지만 서울과 거리가 가까워 더욱 발전하고 있었다. 설악산, 강릉 경포대, 낙산사, 정동진, 자주 가지만 갈 때마다 좋다는 생각이 든다. 외국 여행도 좋지만 우리나라의 명소들도 자랑할 곳이 많다는 것을 실감했다. 관광을 하는 재미도 있었지만 오랜만에 밤을 지새우며 친구들과 술도 마시고 먼 거리를 오가면서 많은 대화를 나눌 수 있어 더욱 좋은 여행이 되었다.

○ 해맞이

해마다 직장에서 해맞이 행사에 참석해서 손쉽게 해맞이를 했었다. 금년은 백수가 되어 처음으로 맞는 해맞이라서 혼자 화산공원에 올랐다. 2009년 떠오르는 첫 해를 바라보며 가족들의 건강과 화목한 가정이 되게 해달라는 소원을 빌었다. 또한 어려운 경제가 잘 풀려 사회가 안정이 되었으면 하는 희망도 빌었다. 해맞이를 많은 사람들이 모이는 명소에서 떠들썩하게 하는 것도 좋지만 가까운 마을 옆 산에서 조용히 혼자 하는 맛도 좋았다. 오후에는 우리 여덟 형제 중 다섯째 동생이 형제들을 부부동반 초청하여 저녁식사를 함께하면서 즐거운 시간을 보냈다.

○ 재현이와 작별

둘째 손자 재현이는 2007년 1월 출생하여 제 엄마가 다니던 직장을 몇 개월 휴직하고 친정에서 키우다가 복직을 하면서 그해 8월 우리 집으로 왔다. 아내는 아들들을 키우면서도 정성을 다했지만 손자들에 대한 애정은 옆에서 보는 사람들이 감탄할 정도였다. 나 역시 아들들을 키울 때보다 손자를 키우는 재미가 더 쏠쏠했다. 재현이는 무슨 짓을 해도 귀엽고 예쁘기만 했다.

아내와 나는 재현이 덕에 항상 웃고 즐겁게 살았다. 큰손자가 내년에 유치원엘 가야 하므로 재현이도 서울에 가서 제 형과 함께 어린이집을 다니면서 적응을 하기 위해 서울로 데려간다고 했다. 2009년 12월 5일 제 엄마 아빠를 따라가기 위해 짐을 챙기는데 너무나 서운했다. 눈물을 안 보이려 애를 썼지만 눈물을 참을 수가 없었다. 정년퇴임을 하고 난 뒤 아내와 함께 재현이를 키운 기간이 너무 소중하고 행복했었다.

속을 모르는 사람들은 늙어서 손자 키우는 사람들을 바보 또는 못난 사람 취급한다. 이는 잘 못된 풍조다. 나는 오히려 그런 말을 하는 사람들을 보면 물끄러미 쳐다봐진다. 나이 들어서 가급적이면 사회적으로도 봉사를 해야 하겠지만 가정에서 손자를 돌봐주는 일이야말로 일석 삼조의 봉사라 생각한다. 그렇지 않아도 아기를 낳지 않으려는 풍조가 만연하고 있는데 가정에서 할머니 할아버지가 손자를 봐주는 일을 꺼린다면 출산율이 더 떨어지지 않을까 걱정이다.

○ 고향사람들과 복달임

고향인 운암면사무소에서 근무하다가 1977년 3월에 임실군청으로 발령을 받아 고향을 떠났지만 지금도 주민등록은 운암에 그대로 있다. 주민등록을 옮기면 완전히 고향을 떠난 것처럼 생각되어 퇴임 뒤에도 주민등록을 그대로 두었다. 고향에는 지금도 부모님이 살던 집이 그대로 있어 간혹 고향집엘 간다. 고향 사람들은 언제 만나도 정겹다. 지난여름 중복 날 고향을 지키고 고향 발전을 위해 수고하신 20여 명의 고향 친구들과 선배님들을 초청하여 점심을 대접했다. 소주잔을 기울이며 옛날 추억들을 이야기하면서 즐거운 오후를 보냈다. 즐거운 고향 나들이였다. 앞으로도 간혹 고향에 들러 고향 사람들과 정을 나누며 살아가야겠다.

2009년은 두 분의 존경스런 전직 대통령이 서거하였고, 종교적으로나 정신적으로 우리 사회에 큰어른으로 존경을 받던 김수환 추기경님의 선종으로 마음이 허전해진 한 해였다. 정치적으로도 서민들의 마음을 우울하게 했던 해인 것 같다. 교수신문이 금년의 사자성어를 '旁岐曲逕'이라 선정했다. 방기곡경이란 바른길을 가지 않고 구불구불한 샛길로 간다는 뜻이다. 대통령의 국정운영을 말한다. 시의 적절한 선정인 듯싶다. 돌아오는 庚寅년 새해에는 경제 성장과 더불어 사회적 화합이 이루어졌으면 하는 마음 간절하다. 우리 가정은 가족들 모두 건강하고 아들들 내외는 각기 맡은 바 영역에서 더욱 인정받고 발전했으면 한다. 또 새 손자가 태어나는 한 해가 되기를 기대한다.

# 2010년(庚寅)을 보내며

2010년은 국가적으로는 퍽 어수선한 한 해였다.

2010년 11월 11일부터 11월 12일 사이에 G20정상회의가 우리나라 서울에서 열렸다. 선진국 정상들이 한꺼번에 우리 한국을 찾아왔다. 한국이 전 세계의 이목을 끌었다. 보기 좋은 진풍경이었다. 광저우 아시안게임에서는 금메달 76개, 은메달 65개, 동메달 91개를 따 종합성적 2위를 기록하여 국위를 크게 선양했다. 2010년 6월 11일부터 7월 11일 사이 남아프리카공화국에서 열린 월드컵축구에서 한국이 16강 진출에 성공하여 한여름 밤 축구경기를 시청하며 즐겁게 보내기도 했다.

그러나 이상기온과 태풍 곤파스의 영향으로 벼농사는 물론 과수를 비롯한 모든 농산물이 흉년이 들었음에도 쌀값은 떨어져 농민들의 마음을 아프게 했다. 설상가상으로 축산 농가들은 구제역이 발생하여 큰 불행을 겪고 있다. 남북간 대화가 단절되고 긴장상태가 계속되더니 2010년 3월 26일 백령도 근처 바다에서 우리 해군의 천안함이 북한의 어뢰 공격으로 침몰하여 해군 병사 46명이 목숨을 잃었다. 또 2010년 11월 27일에는 북한이 연평도에 170발의 포격을 가하여 우리 군인 해병대원 2명이 전사하고 민간인 2명이 사망 했으며 많은 재산 피해를 입었다. 우리 군도 북한에 80여 발의 대응 사격을 가하여 북한도 우리보다 피해가 컸을 것이라는 분석이다. 민족적 비극이고 불행한 일이다. 현 정권은 남북문제를 대화와 협력으로 하려는 의지가 없는 듯하여 걱정이다.

교수들이 뽑은 2010년의 사자성어는 장두노미藏頭露尾 라고 한다. 타조가 급하게 쫓기다가 덤불에 머리만 숨기고 꼬리는 미처 감추지 못한 모습에서 유래된 사자성어다. 현 정부를 은유적으로 비꼰 듯한데 그럴듯하다는 생각이 들었다. 민간인 불법사찰, 한 · 미 자유무역협정 졸속협상, 예산안 날치기 처리 등은 감추고 싶은 일들이지만 이미 알 사람들은 다 알고 있는 사실이라는 뜻으로 뽑은 것 같다. 이렇듯 나라 안은 어수선했지만 백수 3년째를 무난하게 보냈다. 둘째 아들 부부가 주말부부생활을 마치고 안정적인 가정생활을 할 수 있게 되었고, 두 손자들의 홀로서기 성공으로 가정이 안정되어 행복한 한 해였다.

○ 둘째 며느리 경기도 고양시로 발령

둘째 아들은 2009년 5월에 결혼하여 서울에 신접살림을 차렸다. 아들의 근무지는 서울이고, 며느리는 경기도 수원시에 근무하고 있어 주말부부로 생활했다. 본인들은 행복한 표정이지만 양가 부모들은 안타까워했다. 다행히 2010년 봄 학기에 서울의 아파트와 가까운 경기도 고양시에 있는 중학교로 발령을 받았다. 본인들은 물론 우리 가족들 모두 마음이 흐뭇했다. 형제가 같은 아파트 단지에서 살게 되어 더욱 좋다.

○ 재경이와 재현이의 홀로서기

큰손자 재경이는 2004년 11월 6일, 둘째 재현이는 2007년 1월 12일생이다. 아내는 손자 둘을 갓난아기 때부터 전주로 데려다 키웠다. 재경이를 키울 때는 직장생활하느라 바쁘다는 핑계로 별로 도와주지 못했다. 재현이는 정년퇴임을 한 뒤여서 아내의 보조역할을 착실하게 했다. 그 덕분에 둘째 손자 재현이는 나를 곧잘 따른다. 2009년 12월 5일 재현이도 제 엄마 아빠가 서울로 데려갔다. 재현이가 서울로 떠나던 날 가기 싫어하는 모습을 바라보며 눈물을 주체할 수가 없었다. 재경이와 재현이가 홀로서기를 잘할 수 있을지 걱정이 많았다. 그런 손자들이 서울에서 유아원에도 잘 다니며 적응을 잘한다니 흐뭇하면서도 마음 한편으로는 허전하다. 방학 때나 명절 때 우리 집에 오면 지금도 제 부모들 곁에서 자지 않고 내 곁에서 자면서 재롱을 부리는 손자들의 모습이 항상 눈앞에서 아롱거린다, 아내는 고생을 많이 했지만 손자들을 키워주길 잘

했다는 생각이 든다.

○ 형제들과의 정기 모임

부모님이 살아계실 때는 특별한 일이 아니어도 형제들이 자주 만났었는데, 부모님이 돌아가신 뒤로는 형제들과 만나는 기회가 적어 퍽 아쉬웠다. 가을에 다섯째 동생이 우리 여덟 형제 내외를 초청하여 순창 강천산 산행을 했다. 산행을 마치고 점심을 함께하면서 자연스레 형제들의 정기모임을 갖자는 의견이 제기되었다. 형제들 모두 찬성하여 두 달에 한 번씩 정기적으로 모임을 갖기로 했다. 자주 모여 식사도 하고 경우에 따라서는 천렵과 등산도 하면 즐겁기도 하겠지만 형제간의 우애도 더욱 깊어질 것이다.

○ 임실군수 당선자 인수위 활동

2010년 6월 2일 지방자치단체장 선거에서 임실군수로 당선된 강완묵 당선자로부터 임실군수직 인수위원장을 맡아달라는 부탁을 받았다. 인수위원장은 전 임실군의회 김상초 의장과 공동으로 하고 11명의 위원으로 구성되었다. 인수위에서는 당선자가 취임 전에 주요업무와 현안사업을 정확히 파악하여 새로운 시책을 구상하도록 하고, 정확한 사무인계인수로 책임한계를 정할 수 있도록 했다. 취임행사는 검소하고도 품격 있게 진행하도록 했고, 지역화합과 결속을 다지는 계기가 되도록 하기 위해 군수 낙선자들을 초청하여 당선자와 오찬을 함께하면서 협조를 당부하기도 했다. 군정지표와 군정방침도 정했다. 취임식장에서 군수에게 군민들을 위해 열심히 일하라는 뜻으로 김상초 위원장은 잠바를, 나는 운동화를 선물했다. 인수위원님들이 모두 협조적이어서 조용하면서도 알차게 활동을 했다. 앞으로 임실군정이 원활히 추진되어 많은 발전과 함께 군민들이 화합하고 행복해졌으면 하는 마음 간절하다.

### ○ 터키와 그리스 여행

2010년 4월 8일부터 4월 14일까지 임실군청에서 함께 근무했던 돼지띠들이 정년퇴임 기념으로 부부동반 터키와 그리스를 여행했다. 아내는 비행기를 오래 타는 곳으로는 안 간다고 해서 비행기 타는 시간을 줄여서 설명해 동의를 받았다. 아내도 비행기 타는 시간을 대충은 짐작했겠지만 모르는 척 동의해준 것이다. 여행준비를 나름대로 열심히 했다. 터키와 그리스에 대한 가이드북은 물론 책도 몇 권 읽었다. 그리스 신화 공부도 했다. 아는 것만큼 보인다는 말이 맞는 말임을 이번 여행을 통해서 실감했다. 여행지에 대한 사전 공부를 많이 하고 간 여행이어서 많은 것을 보고 느낄 수 있어 퍽 즐겁고 유익한 여행이었다.

### ○ 사촌 동생들의 부음

사촌동생 기학이가 암으로 세상을 하직하고, 정식이가 불행하게 유명을 달리했다. 나보다 나이 어린 동생들이 먼저 세상을 하직하는 모습을 보면서 인생의 허무함을 실감했다. 나도 살아온 생애보다 앞으로의 삶이 얼마 남지 않았다는 생각이 든다. 남은 생을 좀 더 보람차게 마무리해야겠다는 생각도 자주 하게 된다. 오복을 두루 갖추기가 어렵다고 한다. 그중에서도 제일 마음대로 못하는 게 고종명考終命이라는 말이 더욱 가슴에 와 닿는다.

○ 장한 재경이

큰손자 재경이는 2004년 11월생이다. 30개월 정도 되었을 때부터 한글을 알더니 스스로 책읽기를 좋아할 뿐만 아니라 무엇이나 배우려는 욕심이 많다. 그래서 장래 큰 학자가 되었으면 하는 바람으로 집에서 최 학자라고 부른다. 그런 재경이가 한자 6급 자격시험에 합격했다는 소식을 듣고 퍽 장하다는 생각이 들었다. 한자 공부를 많이 하면 인성교육에도 도움이 될 것이다. 공부 잘하는 것도 좋지만 건강하고 바르게 자라기를 빈다.

○ 베트남 여행

2010년 5월 20일부터 5월 24일 임실군청에서 함께 근무했던 동료 가족들과 베트남을 여행했다. 함께 근무할 때 국제교류 회원으로 활동했던 동료들이다. 우리 회원들은 직장생활을 하면서 여가를 선용하여 외국어 공부도 하고 외국과 교류를 통하여 외국의 선진 행정제도를 우리들이 근무하는 임실군에 벤치마킹 하는 데 일조를 하자는 취지의 친목 모임이었다. 나는 퇴임 뒤에도 계속 모임을 함께하면서 외국 여행에도 참여하고 있다. 이번 여행은 당초 많은 회원들이 참여할 예정이었으나 전국적으로 확산되고 있는 구제역과 산불예방 등 지방행정공무원들의 비상근무로 여섯 명의 회원만 참여했다. 젊은 회원들이라서 어린 자녀들과 동행하여 여행분위기가 더욱 좋았다. 아내는 비행기 타는 시간이 짧아서 좋고 음식도 입에 맞다며 즐거워했다. 여행 중에 허리를 삐끗하여 귀국 뒤 바로 병원에 입원하는 불상사가 있었지만 아내와 나는 또 한 번 가고 싶은 나라라고 했다.

○ 허리 디스크로 입원

베트남의 하롱베이 전망대를 올라가는 도중에 허리를 삐끗했다. 평소에도 허리가 별로 좋지 않은데 상당히 불편했다. 여행이 끝날 무렵이어서 다행이었다. 여행일정을 마치고 5월 24일 귀국하여 5월 25일 원광대학교 한방병원에 입원하였다. 척추 4번과 5번의 디스크에 문제가 있다고 했다. 병원 생활은 아내가 뒷바라지를 잘해 주어 불편함이 없었다. 치료가 순조롭게 진행되어 6월 8일 퇴원하였다. 입원기간 동안 가족들의 소중함과 건강의 중요성을 새삼 깨닫는 계기가 되었다.

○ 운동의 생활화

아내는 손자 둘을 키우느라 5년여 동안 친한 친구들과의 모임은 물론 사생활을 완전히 포기했다. 말은 손자들의 기를 받아 더 젊어졌다고 하면서 즐거워하지만 그간 고생 많이 했다. 손자들이 제 부모 곁으로 간 뒤부터 우리 부부는 밥은 안 먹어도 운동은 꼭 하기로 약속했다. 운동이라고 특별하게 하는 건 아니고 전주천변 산책길을 걷는다. 처음에는 힘들어 하던 아내가 요즘은 나보다 더 운동하기를 좋아해서 여간 다행이 아니다. 둘이 함께 전주천변을 걷다가 맛집을 찾아가 외식도 하면서 즐겁게 운동을 한다.

해마다 한 해를 마무리하면서 회고해 보면 자신과 스스로 한 약속을 이행하지 못해 항상 후회하는 경향이 많다. 2010년 새해를 맞이하면서도 계획을 알차게 세우고 다짐했지만 잘 지키지 못했다. 인생의 결승점에 다가올수록 후회를 많이 하는가 보다. 2011년 토끼해에는 후회를 하지 않는 해가 되도록 노력해야겠다. 남북문제도 화해와 상생의 관계로 바뀌고, 구제역을 하루빨리 물리치고, 농민들을 비롯한 사회적 약자들의 한숨 소리가 들리지 않았으면 좋겠다. 가정적으로는 둘째 아들이 떡두꺼비 같은 손자를 낳았으면 싶고 우리 가족 모두가 더욱 건강하고 행복한 한 해가 되길 바라는 마음 간절하다.

# 2011년(辛卯)을 보내며

해마다 세모가 되면 교수신문이 그해의 사자성어를 발표한다. 올해의 사자성어는 '엄이도종掩耳盜鐘'으로 정했다. 귀를 막고 종을 훔친다는 뜻이라고 한다. 정치권의 소통부재를 풍자적으로 비유한듯 한데 정치권뿐만 아니라 누구라도 곰곰 생각해 볼만하다는 생각이 든다. 올해는 국내외적으로 놀랄 만한 일들이 많이 발생한 한 해다. 세계적인 독재자들이 몰락했다. 카다피 리비아 국가원수, 무바라크 이집트 대통령, 알리 압둘라 살레 예멘 대통령과 아버지의 뒤를 이어 북한을 17년간 통치한 김정일 국방위원장 등 여섯 명이 죽거나 권좌에서 쫓겨났다. 이웃나라 일본은 3월 11일 동북부 미야기현 근처 해안에서 사상 최대의 지진과 쓰나미로 19,400여 명이 행방불명되거나 죽었다. 일본의 지진발생 긴급뉴스를 보며 일본의 지진 발생지역 인근으로 장기출장을 간 큰아들 석용이가 걱정되어 가슴을 졸였으나 신속하게 탈출했다는 전화를 받고 안심할 수 있었다. 우리나라에서는 선거혁명이 일어났다. 서울시장선거에서 무소속 박원순 후보가 당선되었는가 하면 정치와는 무관하게 살아온 서울대 안철수 교수가 내년 대선 후보로 급부상하여 큰 바람이 불고 있다. 정치권의 불신이 팽배함을 엿볼 수 있는 좋은 본보기다. 국민들로부터 존경을 받는 박태준 포항제철 전 회장과 김근태 민주통합당 상임고문이 세상을 떠나 국민들의 마음을 우울하게 했다. 유럽의 경제위기 여파로 국내경제도 어려워 모든 분야에서 국민들을 힘들게 했던 한 해였다. 그나마 제23회 동계올림픽을 강원도 평창으로 유치하여 다소의 위안이 되었다. 개인적으로는 퇴임 뒤 특별하게 하는 일은 없어도 가족들과 친구들의 따뜻한 배려로 여유롭고 즐거운 생활을 하며 행복하게 보낸 해였다.

○ 큰아들 이사

큰아들네가 이사를 했다. 서울시 강서구에서 같은 크기의 아파트로 이사를 했지만 전에 살던 아파트보다 교통도 편리하고 아이들의 학교가 가까운 곳으로 이사를 해서 마음이 흐뭇하다. 성실하고 알뜰하게 살림을 잘하여 좋은 아파트로 이사를 한 며느리를 칭찬하고 싶다.

○ 둘째 아들 비타에듀학원 강사

정일학원 강사로 근무하던 둘째 아들이 노량진에 있는 고려교육그룹 비타에듀 학원으로 자리를 옮겼다. 자리를 옮긴 비타에듀학원을 마음에 들어 하고 보람을 느끼며 근무한다고 하니 마음 든든하다.

○ 재경이 초등학교 입학

큰손자 재경이가 초등학교에 입학했다. 재경이는 세 살도 못 되어 한글을 깨우쳤다. 집중력이 강하여 책을 읽거나 공부를 할 때면 주변의 환경을 의식하지 않는다. 주위에서 약간 떠들어도 제가 할 일만 한다. 기특하기 그지없다. 초등학교에 입학한 뒤 선생님으로 부터 영재교육을 시킬 것을 권유받았다고 한다. 그러나 아들과 며느리가 일반적인 교육을 시키기로 했다고 해서 나도 잘했다고 했다. 특별한 어린이보다 보통 어린이로, 평범하고 바르며 건강하게 크기를 바라는 마음이다. 그러나 꾸준하게 노력하여 장래에 훌륭한 학자가 되기를 바라는 마음 간절하다.

○ 재현이 스포츠학원 등록

세 살 때까지 우리 집에서 자란 재현이가 2009년 12월 우리 곁을 떠나 서울 제 집으로 갈 때 잘 적응할까 걱정을 많이 했다. 그런데 작년에 이어 금년에도 잘 적응한다니 이제 완전히 홀로서기를 한 모양이다. 스포츠학원에도 등록하여 잘 다닌다니 걱정을 안 해도 될 것 같아 퍽 다행이다. 생김새가 장군 스타일이어서 바르고 건강하게 커서 장래에 훌륭한 장군이 되었으면 하는 소망이다.

○ 고향집에서의 생활

지난봄 아내와 함께 고향집에서 20일 정도 살았다. 고향집에서의 생활은 퍽 즐겁고 행복했다. 새벽이면 참새와 휘파람새의 울음소리에 잠에서 깨었다. 텃밭에 심은 채소들을 가꾸기도 하고 호박도 몇 구덩이 심었다. 밤이면 마당에서 시원한 밤공기를 마시며 개구리 소리를 벗 삼아 아내와 옛날 부모님 모시고 농사를 지으며 살던 이야기에 시간 가는 줄 몰랐다. 낮이면 산에 올라 고사리를 끊었다. 가끔 고향 사람들과 소주잔을 기울이며 정담을 나누기도 했다. 부모님의 체취와 형제들의 웃음소리가 밴 정든 고향집에서의 생활은 마냥 즐거웠다. 앞으로도 봄이면 매년 고향집에서 잠시라도 살아야겠다.

○ 형제들과 함께 국사봉 산행

우리 형제들은 부모님이 돌아가신 뒤 두 달에 한 번 부부동반으로 점심식사를 한다. 여름이면 냇가에 가기도 하고 가을이면 산행을 한다. 금년 가을에는 고향의 명산 국사봉엘 갔다. 국사봉은 우리 형제 모두 운암초등하교를 졸업해서 초등학교시절 소풍을 가기도 하고 고향엘 가면 더러 오르는 산이다. 그러나 형제들이 모두 모여 등산하는 기분은 무척이나 좋았다. 우리들이 산에 오르던 날은 전국 각지에서 사진작가와 등산객들이 많이 찾아왔다. 우리 형제들은 외지에서 찾아온 사람들에게 임시 해설사 역을 자임하여 친절하게 안내했다. 찾아온 관광객들도 좋다고 하고 우리 형제들도 즐거웠다. 형제들이 준비해간 음식과 술을 마시며 옛날 추억을 되살리는 많은 이야기들을 나누었다. 즐겁고 뜻 깊은 산행이었다.

○ 종합 건강검진

아내와 함께 종합건강검진을 받았다. 국민건강보험의 건강검진 대상자이기도 하지만 종합검진을 한 번쯤 받아보는 것이 현명하겠다 싶어 상당히 많은 돈을 들여 종합 검진을 받았다. 종합검진을 받고 상담 날짜를 기다리며 한편으로는 걱정이 되었다. 그간 건강에 별로 도움이 되지 않은 생활을 많이 해왔기 때문이다. 종합검진결과는 아내와 나 모두 특별한 소견이 없어 다행이다. 앞으로는 건강에 도움이 되는 생활을 해야겠다는 생각을 했다.

○ 아내와 함께 해외여행

2011년 7월 4일부터 7월 9일까지 4박 5일 일정으로 평소 다정하게 지내는 친구 네 명이 부부동반 베트남 일주 여행을 했다. 2010년에도 베트남 북부를 여행했었다. 아내는 오토바이 행렬 말고는 별로 볼거리는 없으나, 월남사람들이 우리 한국 사람들을 좋아하고 거리도 가깝고 음식도 입에 맞는다며 한 번 더 가보고 싶은 곳이라고 했다. 친구 가족들 중에도 다녀온 가족이 있었지만 모두 찬성해서 이루어진 여행이었다. 친한 친구들이 가족을 동반하여 멀고먼 이국땅을 여행하는 기분은 매우 좋았다. 친구들은 물론 가족들도 즐거워했다.

○ 호주에 사는 처제 방문

호주에 사는 처제가 12월 25일 일가친척과 친구들이 보고 싶다며 찾아왔다. 오빠도 있고 다른 언니나 동생도 있지만 아내가 큰언니라 자연스레 우리 집으로 왔다. 장모님이 돌아가신 뒤 모처럼 처남들과 처제들이 한데 모여 즐거운 시간을 보냈다. 처제는 호주 시드니에서 한국음식점을 경영한다. 호주에서는 「대장금」 연속극과 2002년 월드컵을 계기로 한류열풍이 불어 한국식당들이 호황을 누린다고 한다. 한국음식을 먹으면 사스에 걸리지 않는다는 소문도 한국음식의 위상을 높이는 데 한몫을 톡톡히 했다고 한다. 음식점 경영도 잘되고 아들딸들도 다 취직해서 잘 살지만 고국에 대한 그리움이 날로 깊어진다고 한다. 한국에서 일주일간의 짧은 시간에도 전주의 유명 음식점을 찾아다니며 새로운 메뉴를 준비하는 처제의 모습이 대견스러웠다.

○ 아파트 보일러관 파손

아래층에서 난리가 났다. 우리 아파트 보일러관이 파손되어 물이 아래층으로 샜다고 한다. 누수탐사회사 직원을 불러 응급조치를 하고 이삿짐 회사에 살림살이를 맡기고 집을 수리했다. 아랫집도 도배를 해주었다. 경제적 손실도 컸지만 마음고생도 많았다. 그러나 집수리도 잘하고 집을 수리하는 동안 고향집에서의 생활에 보람을 느껴 한편으로는 위안이 되기도 했다.

돌아오는 임진년 새해에는 국회의원 총선과 대통령선거가 있는 중요한 해다. 국민들의 현명한 판단으로 참된 정치가들이 당선되어 국민들에게 꿈과 희망을 주는 정치풍토가 조성되었으면 좋겠다. 개인적인 희망은 둘째 아들이 예쁜 손녀를 안겨주었으면 하는 마음이고 가족들 모두가 건강하고 더욱 행복한 한 해가 되었으면 한다.

# 2014년(甲午)을 보내며

2014년은 국가적으로는 퍽 어수선한 한 해였다. 진도 해역에서 세월호가 침몰 되어 탑승객 476명 중 304명이 죽었다. 죽어 간 단원고 학생들과 그 가족들의 절규가 아직도 내 귀를 맴도는 것 같다. 세월호 침몰로 온 국민이 슬픔과 실의에 젖어 여행은 물론 외식도 자제하는 분위기였다. 각종행사나 공연도 취소되거나 축소되어 소비심리가 크게 하락하였다. 경기도 침체되어 영세 자영업자들과 서민들의 삶은 더욱 어려워졌다. 세월호 참사의 국면전환을 위해 정홍원 국무총리가 사임하고 개각을 하려 했으나 이마저도 정부 뜻대로 할수 없었다. 대통령이 추천한 국무총리 후보 두 사람이 거듭 낙마하여 사표를 제출했던 총리가 유임되는 해프닝으로 국민들을 어리둥절하게 했다. 안대희 전 대법관은 변호사 고액수임료 논란으로 6일 만에 사퇴했고 전 중앙일보 문창극 주필은 친일사관 논란으로 2주 만에 물러났다.

박근혜 대통령이 국회의원시절 비서실장을 했던 정윤회 씨와 문고리 3인방, 십상시들의 국정농단을 둘러싼 청와대 문건 유출파문으로 연말 정국을 어수선하게 했다. 결국 문건 유출자를 구속하는 선에서 수사를 종결할 모양이지만 국민들은 수사 자체를 못 믿겠다는 여론이 비등하다. 군부대에서 총기난사 사건과 가혹행위로 자살하는 사건이 연이어 발생하였고 사단장이 여군을 성추행하여 체포되는 사건이 발생하여 정부에 대한 국민들의 실망은 가중되었다. 통합진보당이 헌재의 해산 결정으로 해산되기도 했다. 대한항공 회장 딸 조연아 부사장이 뉴욕발 대한항공 일등석에서 승무원의 땅콩서비스를 문제 삼아 이륙 중인 항공기를 되돌려 결국에는 구속당했다. 이 사건으로 재벌가 2세, 3세들의 사회적 횡포와 일탈행위에 국민들이 크게 분노했다.

6월 4일 실시한 지방 선거에서 광역단체장은 새누리당이 8곳 새정치 민주연합이 9곳이 당선되었다. 전라북도 도지사는 새정치민주연합 송하진 후보가 당선되었다. 기초 단체장은 14곳에서 무소속 출신이 7곳에서 당선되어 민주당에 대한 도민들의 불만이 표출되는 양상을 보였다. 우리 고향 임실에서도 단체장에 무소속 심민 후보가 압도적으로 당선되었고 기초의원도 여덟 명 중 네 명의 무소속 후보가 당선되었다. 2014년을 보내며 교수들이 뽑은 사자성어가 발표되어 국민들로부터 공감을 받았다. 교수들이 매년 연말이면 선정하여 발표하는 사자성어를 금년에는 '지록위마指鹿爲馬'로 선정했다. 사기에 실린 지록위마는 진시황이 죽자 환관 조고가 어린호해를 황제로 세우고 권력을 전횡했다고 한다. 조고는 자기의 위상을 시험하기 위해 어느 날 임금에게 여러 신하들이 보는 자리에서 사슴을 선물하며 말이라고 거짓말을 해도 누구 하나 조고의 힘이 두려워 말하는 사람이 없었다고 하는 고사에서 유래되었다. 2014년 한국정치의 단면을 신랄하게 꼬집은 표현이란 생각이 든다.

해가 갈수록 세월의 흐름이 빨라지는 느낌이다. 한 해가 가면 나이 먹는 것이야 누구나 한 살씩 더먹으니 공평하지만 느끼는 감정은 저마다 다를 것이다. 나이가 들수록 무게감이 더해지는 기분이다. 해마다 연말이면 일 년을 뒤돌아본다. 그리고 또 새해를 설계한다. 항상 특별하게 이룬 것 없이 바쁘기만 한 것 같아 후회스러웠다. 금년에는 국내외 여행도 많이 했고 취미 활동도 하며 고향집 텃밭에 채소농사도 농사도 지어 자급자족했으며 평소 읽고 싶었던 책도 많이 읽었다. 2014년 2월 10일~ 2월 13일 일본 북해도를 여행했다. 1989년 공무원 교육원에서 일본어를 교육받았던 친구들이 부부동반으로 함께 갔다. 20여 년 모임을 하면서 외국여행도 함께 한 적도 있고 모임을 통하여 자주 만난 사이여서 여행기간 동안 더욱 다정한 사이가 되어 분위기가 퍽 좋았다. 홋카이도는「설국」의 주무대 답게 눈이 많이 내렸다. 우리나라 강원도보다도 훨씬 눈이 많이 내리는 것 같았다. 홋카이도 최고의 축제라고 자랑하는 유키마츠리(눈축제)는 눈이 많이 내리는 지역 특성에 알맞은 축제라는 생각이 들었다. 내국인 관광객들이 많고 외국 관광객들도 많이 찾는 성공적인 축제였다. 눈도 많이 내리고 날씨는 추워도 가는 곳마다 온천이 있고 먹거리가 좋아 한 번쯤 더 가보고 싶은 여행지라는 생각이 들었다.

2014년 7월 6일~ 7월 9일 백두산 여행을 했다. 작년에 아내와 함께 백두산엘 갔으나 정상에 올라 날씨의 심술로 천지를 못보고 내려왔다. 여행안내자는 우리들의 마음을 달래려고 백 번 올라 천지를 두 번 볼 수 있다 하여 백두산이라 한다며 위로했지만 너무 서운했었다. 금년에는 날씨가 정말 좋았다. 백두산 천지에서 기념촬영도 맘껏 했다. 천지의 색깔은 하늘빛과 같았다. 집에서 가져간 더덕주를 제주로 올리고 산신께 기도했다. 우리나라의 통일을 염원하고 우리가족의 건강과 행복도 기원했다. 백두산을 중국이 아닌 북한을 통해서 가는 날이 하루빨리 왔으면 좋겠다.

2014년 7월 25일~ 7월 29일 중국 청도, 구련산, 곡부, 태항산 대협곡을 여행했다. 임실군청에서 함께 근무했던 '좋은사람들' 회원들이 부부동반으로 갔다. 나를 제외한 모든 회원이 현직 공무원 이어서 5월에 갈 예정이었는데 세월호 침몰사고로 미루어오다가 우여곡절 끝에 가게 되었다. 회원들간에 연령 차는 많아도 한가족처럼 지내는 사이여서 여행 내내 모두 즐거워했다. 어린아이들과 동행한 회원들이 있어 더욱 즐거움을 더해주었다. 하남성 서북쪽 태항산 대협곡은 중국의 그랜드캐니언이라고 한다. 절경이이었다. 곡부의 공자 사당에서는 종교를 떠나 모두가 참배했다. 김대중 대통령방문 기념사진 옆에서 우리들도 사진촬영을 했다. 공자가 죽어야 나라가 산다고 공자를 비판하는 사람들도 더러 있다. 그러나 공자의 철학은 우리의 정신세계를 지배해왔음은 사실이다. 더욱이 정치하는 사람들은 『논어』나 『대학』을 한 번쯤은 반드시 읽기를 권하고 싶은 학문이란 생각이든다.

『논어』 첫구절이 마음을 사로 잡는다. "學而時習之 不亦 說乎" 나이를 많이 먹어갈수록 꿈 많고 호기심 많은 사춘기 소년처럼 무엇이든지 배우고 싶은 욕망을 떨쳐 버릴 수가 없다. 배운다는 그 자체가 즐겁다. 시간이 모자라 아쉽다. 매주 화요일이면 전라북도 학생문화관에서 『명심보감』과 『대학』을 배운다. 우리를 가르치는 길태은 선생님은 김제 학성 강학에서 오랜 기간 공부하신 분으로 학문도 깊지만 행동 면에서도 배울 점이 많으신 분이다. 나 혼자만 강의를 듣는 게 아쉬워 기주 형님과 기옥이 동생에게도 권하여 함께 강의를 받고 있다. 함께 강의를 받는 수강생들이 3형제가 함께 공부하는 모습이 보기좋다고 하며 부러워한다. 목요일에는 전북대학교 평생교육원에서 수필 공부를 한다. 2007년부터 8년째 다니다 보니 함께 글을 쓰는 문우들과 친분이 두터워졌다. 수필은 글의 소재가 주로 삶의 주변에서 일어나는 문제들이라 함께 글을 쓰는 문우들은 금방 친해진다. 그래서 목요일이 기다려지기도 한다. 금요일에는 전북 여성 회관에서 중국어 공부를 한다. 어쭙잖은 한문 실력을 약간 믿고 시작했더니 어렵기 짝이 없다. 그래도 우리를 가르치는 선생님이 중국에서 사범학교 출신으로 중국어 실력은 물론 한국어도 잘 알고 일반적인 교양도 폭넓게 가르쳐 흥미있게 배우고 있다. 그 외 남는 시간은 독서도 하고 아내와 함께 고향집 텃밭에 농사를 지으며 바쁘게 지냈던 한 해였다. 11월 초에 손자 재현이가 맹장수술을 해 마음이 아팠다. 다행히 수술 뒤 쉽게 회복되었다. 가족들의 건강이 소중함을 다시 한번 생각하게 했다. 말의 해가 가고 양의 해가 온다. 돌아오는 새해에도 우리 가족 모두 건강하고 행복하길 바란다. 위정자들은 지역차별하지 말고 인재도 고루 등용하여 소외받 사림이 없는 사회를 만들어 국민들의 행복지수가 향상되었으면 좋겠다.

2014년 세모에

# 2016년(丙申)을 보내며

2016년은 나라가 너무 혼란스러웠다. 국가의 지도자를 잘못 뽑으면 결국에는 국민들이 어려움을 당한다는 교훈은 얻었으나 너무나도 큰 시련을 몰고 왔다. 2015년 말 대학 교수들이 선정한 4자성어 '혼용무도昏庸無道'는 2016년을 점치는 듯 절묘했다. 혼용무도란 어리석고 무능한 군주의 실정으로 나라 상황이 마치 암흑에 뒤덮인 것처럼 온통 어지럽고 예법과 도의가 송두리째 무너져버린 상태라는 뜻이라고 한다. 대학 교수들이 보는 눈이 참 탁월하다는 생각이 들었다. 대통령의 무능, 지역편중 인사, 편가르기식 여론몰이, 종북타령, 대통령의 의견만 옳다는 오만불통의 통치 스타일이 국민들을 실망시킨 건 임기 초반부터였다.

정작 민심을 외면한 대통령은 내시같은 비서진, 국무위원, 보수 언론만 믿고 기고만장하더니 4 · 13 총선에 국민들로부터 준엄한 심판을 받았다. 역시 민심은 천심이다. 민심이 돌아서니 대통령의 나팔수 노릇을 하던 보수 언론들도 대통령에게 등을 돌렸다. 민심을 알아차린 언론의 보도 태도가 달라지더니 국민들의 입소문으로만 나돌던 권력서열 1위 최순실, 2위 정윤회, 3위 박근혜란 말이 현실로 나타났다. 최순실 국정농단 게이트가 불거졌다. 최순실 국정농단 사태는 국민들의 분노를 폭발시켰다. 국민들이 촛불을 들고 거리로 나섰다. 나도 역사의 현장에 함께하고 싶었다. 거리로 나서 군중들과 함께 박근혜 대통령 탄핵을 소리높이 외쳤다. 가족과 친지들에게도 동참하도록 권유했다. 토요일이면 광화문에 100만이 넘는 인파가 촛불을 들고 박근혜 대통령 하야를 촉구했다. 결국 국회도 촛불을 든 국민들의 뜻을 적극적으로 수용했다. 국회의원 300명중 234명이 탄핵에 찬성했다. 반대 56명, 기권 2명, 무효 7명, 불참 1명이었다. 헌재의 결정이 남아있기는 하지만 대통령은 이미 국민들의 마음을 떠났다. 여론조사결과 대통령의 지지율이 5%라고 한다. 자업 자득이다. 2016년 세모에 대학 교수들이 뽑은 4자성어는 '군주민수君舟民水'다. 『순자』 '왕제편'에 나오는 말이라 한다. 백성은 물이고 군주는 배라는 뜻이니 백성은 군주를 물에 뜨게도 하지만 화가나면 배를 위집을 수도 있다는 뜻이다. 박근혜 대통령의 헌정농단은 결국 국민들로부터 탄핵을 받는 게 당연하다는 것일 게다. 부정청탁 · 금품수수 등의 금지에 관한 법률, 일명 김영란법 제정과 조류 인플루엔자(AI), 일명 조류독감이 전국적으로 발생하는 등

국가적으로 크고 작은 일들이 많았지만 대통령 탄핵이라는 큰 사건으로 왼만한 일들은 묻혀버렸다 경제가 너무 어렵고 서민들의 삶이 팍팍해졌다. 하루빨리 정국이 안정되고 경제가 되살아나 서민들의 삶이 여유로워졌으면 좋겠다.

2016년은 고희를 맞은 해다. 일흔 살 나이를 고희古稀라 한다. 고희란 두보 시인의 곡강시曲江詩 "인생칠십고래희人生七十古來稀"에서 유래되었다. 두보 시인이 살던 때는 일흔 살까지 산 사람이 드물었기에 고희라 했지만, 지금은 고희라는 말이 별로 어울리지 않는다. 100세를 고희라 해야 될 것 같다. 그래도 일흔 살이 되니 감회가 다른 느낌이었다. 아들들의 주선으로 아내의 생일에는 처가 식구들과 서울에서 식사를 했다. 내 생일에는 전주에서 우리 형제 가족들과 함께했다. 아들과 며느리가  외국여행을 다녀오라며 과분한 용돈도 주었다. 형제들과 함께 식사를 하는 자리에서 큰아들 석용이가 인사말을 하면서 아버지의 그간 삶은 치열하셨다는 말에 가슴이 콱 막혔다. 무슨 말인가 하고 싶은데 눈물이 많이 나와 말을 할 수가 없었다. 후손들에게 남겨 줄 재산적 가치는 없지만 아내와 내가 살아온 삶은 열심히 살았다는 생각이 든다. 나는 직장에서 아내는 가정에서 최선을 다했다. 나보다 아내가 많이 힘들었을 것이다. 아내와 나는 1972년 2월 26일 결혼했다. 그때 나는 어정쩡한 신랑감이었다. 농사지을 땅이 많은 것도 아니고 농사일도 잘하지 못한 농촌 총각이었으니 말이다. 혼인 뒤 지방공무원 공개채용시험에 포도시 합격하여 취직은 했으나 너무도 가난한 생활이었다. 남의 집 셋방을 전전해야 했다. 셋방으로 아홉 번 이나 이사를 다녔다. 내 집을 마련하여 이사하던 날은 정말 기뻤다. 부모님과 형제들을 초정하여 집들이도 했다. 직장 친구들도 여러 차례 불러 잔치를 했다. 우리 또래들은 누구나 대부분 겪었지만 셋방살이 설움이 컸다. 연탄가스에 중독되어 온 가족이 사경을 헤매던 때와 둘째 아들을 낳고 이레도 지나지 않아 집주인이 방을 비워 달라고 해 이사를 한 일은 두고두고 잊히지 않는다. 아내의 알뜰한 뒷바라지가 있어 직장에 전념할 수 있었다. 덕분에 직장에선 다른 사람들보다 진급은 빨리했다. 난 바쁘다는 핑계로 가정 일에는 무관심했다. 나의 무관심과 작은 봉급에도 아내는 불평하지 않았다. 알뜰하게 살림을 꾸려 저축도 하고 아들들 교육 시키며 살았다. 공직 생활을 하는 동안 봉급봉투를 첫달부터 마지막 달까지 모두 모아 두고 있어 옛날의 추억물로 남아있다. 지금은 두아들 모두 가정을 꾸리고 사회에서 제몫을 다하고 있으니 아내와 아들들에게 감사한 마음이다.

중국어 현장 학습을 다녀왔다. 친한 친구가 중국어를 함께 공부하자는 말에 따라 중국어 공부를 시작한 지 3년이 지났다. 중국어 공부를 열심히 하다 보니 중국어 현장학습을 가자는 의견이 분분하여 1년간 돈을 모아 중국 현장학습 여행을 갔다. 현장학습 여행지는 福建省 厦門(중국의 표준어로는 샤먼)과 무이산으로 갔다.샤먼은 중국 남부 해안의 인구 120만 정도의 도시다. 연평균 기온이 21도 정도로 온난한 지역이라 연중 꽃이 피는 해상의 낙원이라 한다. 볼거리도 많았다. 운남현의 토루와 야시장, 무이산 최고의 경치를 자랑하는 천유봉, 남송 유학자 주자와 관련된 문화 유적, 1년 내내 눈이 내리지 않는다는 숙장화원, 피아노박물관, 일광암 등, 가는 곳마다 눈을 즐겁게 했다. 볼거리가 많아 좋기도 했지만 가는 곳마다 만나는 사람마다 서툰 중국어로 대화를 주고 받을 수 있어 더욱 재미가 있었다. 나이와 관계없이 배우고 익히는 것은 역시 즐겁다.

2016년 3월 5일~ 3월 8일(3박4일) 일정으로 대만을 여행했다. 대만인들이 세계4대 박물관이라고 자랑하는 국립고궁 박물관에 꼭 가보고 싶기도 했지만 친한 친구가 함께가기를 권유해서이기도 했다. 국립고궁박물관, 마오콩 곤들라 탑승, 스린야시장, 태로각 협곡, 장춘사, 대리석공장, 야류해안공원, 장개석 기념관을 관광했다. 대만은 가까운 나라인데도 처음 갔다. 1992년 중국과 수교를 하기 전에는 우방국이었는데 지금은 비수교국이다. 국교단절 때 뼈아픈 배신감을 느껴서인지 우리나라 사람들을 대하는 태도가 떨떠름하다는 생각이 들었다.

도시 농사꾼이 되었다. 2015년 고향집이 섬진강 재개발 사업으로 철거되었다. 올해부터 고향집 텃받에 농사를 지을 수 없어게 되어 서운했다. 퇴임 뒤 아내와 함께 고향집 텃밭을 오가는 재미가 쏠쏠했었는데 아쉬웠다. 전주에서 거주하면서 고향집 텃밭을 왕래하자면 시간과 자동차 유류비가 많이 들긴 했다. 하지만 애호박 한 두덩이 풋고추 한 줌을 따가지고 오면서도 마냥 즐거웠다. 값으로 셈 하자면 손해보는 일이지만 값으로만 생각할 일은 아니다. 계절에 따라 고향의 정취를 맡으며 고향 사람들과 정을 나누기도 하고 아내와 함께 자동차를 타고 오가며 보낸 시간도 보람차다는 생각이 들었다. 아내와 함께 시간을 보내기에는 농사짓는 것보다 더 좋은 게 없는 것 같아 전주시내에 100평 정도의 농장을 임대했다. 양파, 마늘, 도라지, 시금치, 하지감자, 고구마, 옥수수, 토란, 상추, 아욱, 쑥갓, 고수, 호박, 오이, 가지, 열무, 고추, 생강, 땅콩, 들깨, 참깨, 배추, 무를 심어 열심히 가꾸었다. 아내의 정성에 짓는 농사마다 풍년이었다. 수확하는 기쁨도 컸지만 아내와 함께 땀 흘리며 보낸 시간들이 더욱 소중하다는 생각이 들어 마냥 즐겁다.

탄핵 정국이 하루속히 마무리되기를 바라는 마음 간절하다. 헌재에서도 현명한 판단을 할 것이란 생각이 든다. 내년에는 새롭고 현명한 대통령이 선출되어 나라가 안정되고 국민들 모두의 행복지수가 향상되었으면 좋겠다.

# 최기춘님의 수필집 『머슴들에게 영혼을』 읽고

전북대학교 평생교육원 목요 수필반 **김 덕 남**

고향 마을이 섬진댐 건설로 인하여 옥정호 아래 수몰되는 아픔을 갖고 있는 최기춘 문우님은 임실 운암면 고향 마을에 대한 애착이 남다르십니다. 수필집 많은 부분에서 실향의 절절한 가슴앓이를 수채화 같은 그리움으로 승화시켜 작품성을 한껏 높여 주고 있습니다.

저의 고등학교 시절은 한글 전용을 강조하던 시기로 교과서에서 한자 보기가 어려웠습니다. 그래서 저는 한자 실력이 많이 약합니다.

문우님은 저와 비슷한 연배 이신데도 한학을 열심히 하여 한문에 관한 실력이 뛰어나 저는 많은 자극을 받고 있습니다.

저도 평교사로부터 출발하여 승진과정의 많은 노력과 고난의 시간들을 체험했기에 최기춘님의 공직 생활중의 투쟁은 참으로 대단하셨다는 생각이 듭니다.

공개 경쟁시험을 통한 지방 9급 공무원 합격을 시작으로 별 따기 처럼 어렵다는 사무관 승진 또 서기관 승진은 최기춘님의 불굴의 의지로 최선을 다하신 결과로 보여 내유외강하신 성품을 짐작게 합니다.

또한 많은 독서는 풍부한 지식과 감성과 논리적 사고력을 갖게 하였고 덕과 지혜를 겸비한 훌륭한 행정 가로 만드는 자산이 되었을 것이라는 생각이 듭니다.

수필집 제목이 된『머슴들에게 영혼을』이 작품 속에서는 문우님의 부정 척결의 의지와 정의롭고 합리적이고 창의적인 행정을 위한 고민의 모습들을 많이 볼 수 있었습니다.

가난했던 우리 시대 농촌의 아픔을 아련한 추억으로 회상하신 「깨진 달걀의 추억」이 글에서는 최기춘 님의 맑고 선한 마음을 읽을 수 있었습니다. 또, 어느 외교 통상부장관의 예화를 들며 각국에서 모인 외교관들의 만찬 중 음식 속에서 드러난 배추벌레를 대한민국의 체면을 망가뜨리지 않으려고 재빨리 먹어버렸다는 그 기사를 접하면서 자신은 가슴이 막히고 목구멍이 뜨거워졌었다라는 그 대목은 바로 최기춘님이 훌륭한 애국자가 아닌가 하는 생각이 들었습니다.

날짐승 중 가장 맛을 잘 아는 까치란 놈이 쪼아 먹은 그 홍시를 고마운 선생님께 드리고자 하는 옛 선인의 마음을 빌어 쓰셨던 문우님의 글 「까치가 쪼아 먹은 홍시」 에서는 선생님을 존경함이 곧 교육력으로 이어진다는 가치관으로 저 또한 크게 공감을 했고 문우님의 생각에 존경스러웠습니다.

동학의 자손이고, 훌륭한 행정가였으며 진정한 애국자요, 뛰어난 수필가이신 최기춘 문우님! '아내와 나는 죽마고우'라 하신 글에서처럼 두분 영원한 동반자로, 또 행복한 수필가로 지내시길 바라며 칭찬 말씀 드립니다.

(2013. 5. 7.)

# 시드니에서 온 편지

형부 안녕하세요.

고향을 다녀온 지도 어느덧 4개월이 지났습니다. 떠나올 때 저의 생각은 한 2년쯤은 고향 생각이 덜 하겠지 했는데 어느새 향수에 젖어 그곳의 형제, 가족, 친구들, 고향집, 부모님이 계신 그 동산을 떠올리게 합니다.

『머슴들에게 영혼을』 읽는 내내 내마음은 그곳 그시간 그분을 떠올리며 눈으로 읽는 글들이 온몸에 스며들어 마치 그자리에 있는 듯 하였습니다.

한편의 서정시를 떠올리는 감나무골의 까치, 애환이 서린듯한 옥정호, 희망의 국사봉, 수필을 읽는다기보다는 듣는 느낌으로 저도 모르게 빠져들었습니다.

언니 형부 두분의 결혼식에 대한 글을 읽을 때는 고향집 마당에서 있는 듯하였고 저는 어느새 열다섯 살 소녀가 되어 있었습니다.

이렇듯 저에게 지석님의 수필은 지석님과 함께하는 기행수필이 되었습니다.

참으로 자랑스럽습니다. 지석님이 저의 형부이어서.

아무쪼록 언니 형부 건강하시고 행복하세요.

다음 수필집을 기다리며.

시드니에서 순현 드림.

# 이근풍 시인의 편지

선생님의 첫 수필집「머슴들에게 영혼을…」上梓를 진심으로 축하드리오며 정 담아 보내주신 수필집 감사히 받아보았습니다.

선생님의 소박하면서도 정이 넘치는 수필집 제6부 〈65편〉을 하루에 1편씩 읽으려는 계획을 세웠으나 읽다보니 수필의 香氣에 취하고 물흐르듯 자연스럽게 흐른 문장으로 소박하고 진솔하며 가슴으로 쓰신 수필로 따듯한 정과 삶의 교훈이 담겨져 있어 독자에게 읽는 기쁨, 행복을 선물해주신 수필로 2일만에 모두 읽게 되었습니다. 소재 또한 생활하면서 날마다 그리워하며 정을 나누었던 고향, 자연, 부모형제, 아내, 공직 생활의 애환, 친구, 가맥, 막걸리, 농촌의 안타까운 현실, 취미로 등산, 낚시, 골프, 바둑, 여행 등 다양한 소재의 수필을 쓰시면서도 읽는 즐거움에 그치지않고 독자로 하여

금 삶의 교훈을 일깨워주는 쉬운것 같으면서도 깊이있는 수필로 많은 독자들로부터 호평을 받으시고 큰 성공을 걷우신 수필집으로 큰 박수를 보냅니다.

특히 선생님의 先考께서는 고조부님 증조부님께서 동학농민혁명의 주역으로 활동하신 동학의 후예임을 자랑스러워 하셨으며 6·25 후의 농촌의 어려움속에서 8형제를 사회적 큰 일꾼으로 키워내셨으며 더욱이 농촌에 사시면서도 한학에 조예가 깊으셨으며 큰 도량을 가지신 시대의 어른으로 남다른 교육철학과 시대의 선각자로 스스로 하나 하나 깨달아 갈 수 있도록 하셨다는 것입니다. 또한 시대를 앞서가는 선각자로 노는 공부를 가르치기 위해 아들과 바둑두기, 화투치기를 같이 하시며 정을 쌓고 거리를 좁이셨으며 명절이면 마을 어른, 집안 어른께 정담긴 선물을 하심으로 예의를 알게하셨습니다.

이러한 先考의 교육을 통하여 최선생님께서도 고위직 공무원을 지내셨고 퇴직 이후 수필가로 성공할 수 있었던 것도 先考의 교육철학의 영향 아니였을까 하는 생각을 해보았습니다.

알지도 못하면서 필요이상으로 사설을 늘어놓게됨을 송구스럽게 생각하며 앞으로도 많은 독자들에게 수필을 읽는 기쁨, 행복을 주시기 바라며 항상 건강과 문운이 함께 하시길 축원합니다.

2012. 10. 7.

이근풍 드림

평설

# 주관적인 정서를 서정적으로 나타내는 리리시즘(lyricism)의 진수

안 도 (문학평론가)

1.

세월은 참으로 빠르다. 옛날부터 70세까지 살기가 드문 일이라는 뜻에서 70을 고희古稀라 했는데 요즈음은 100세 시대에는 고희가 널려있다.

하지만 내 친구 최기춘 수필가는 흐르는 세월 속에 그래도 자신의 삶을 정리 해 보고자 〈은발의 단상〉이라는 수필집을 내 놓았다.

최기춘은 2012년 처녀 수필집 『머슴들에게 영혼을』을 내서 많은 사람들로 부터 칭찬과 격려를 받았다. 그는 그때 쑥스러운 생각도 들었지만 즐겁고 기쁜 일들이 더 많았다고 했으며 이때부터 글을 읽고 쓰는 일이 평생 소일거리가 되었는데 6년 만에 다시 60여 편의 수필들을 모아 책을 냈다.

최기춘은 어려서부터 한학을 하며 『명심보감』 훈자편 '지락막여독서至樂莫如讀書' 즉 '지극이 즐거움은 독서만한 것이 없다'는 구절을 새기며 평생을 살아왔다. 그리고 글을 쓰면서 부터는 쓰다보면 매사를 곰곰 생각해야 할 일들이 많아 살아온 삶을 뒤돌아보며 스스로를 성찰하는 계기도 된다고 했다.

그의 수필 60편을 분류해 보면 생활 체험이 바탕이 되는 것들, 향토애와 추억들, 개인적이거나 일상적이며 또는 평범한 일들이나 사소한 것들, 삶에 대한 가치, 비전에 관한 것들 중에서 소재를 선택하여 그것들을 가치 있고 의미 있는 문학 작품으로 승화시켜 놓았다.

2.

*"세수를 하거나 발을 씻을 때 또는 머리를 감을 때 물을 많이 쓰면 많이 쓴 만큼 저승에 가면 마시라고 한다고 하셨다. 어린 시절에 어머니가 하신 말씀을 듣고 나는 항상 세수를 하거나 발을 씻고 머리를 감으며 걱정을 많이 했다. 발을 씻다가 물이 너무 많으면 저승에 가서 발 씻던 물을 먹으라고 하면 더러워서 어쩔까 걱정했다. 어린 시절 어머니가 하신 거짓말에 속아 항상 물을 아껴 써야 한다는 생각을 저버린 적이 없었다."*

*〈어머니의 거짓말〉중에서*

〈어머니의 거짓말〉을 보면 최기춘의 성품을 읽을 수 있다. 최기춘 수필가의 영혼은 우선 순결하고 질박하다. 그는 생의 순수하고 고결한 심지에 영혼의 내적 심층에서 발화한 뜨거운 사랑의 불꽃을 점화한다. 그것은 순결하기에 아름답고 집요하기에 강렬하다. 우리는 최기춘 수필가가 피워 올린 강렬한 삶의 불꽃을 응시하며 적잖은 감동과 희열을 체감한다. 그것은 아픔과 고통에 근원하기에 공감적이고 빛나는 성취가 있기에 카타르시스를 동반한다.

*공무원들은 영혼이 없다고 하더니, 요즘엔 영혼이 남루해졌다는 소리조차 자주 듣는다. 참 가슴 아픈 현실이다. 이런 소리를 들을 때면 평생 마시던 우물이 더러워져 못 먹게 됐다는 말을 듣는 심정이다. 마음 한구석이 허전하고 씁쓸하여 마음을 달래기 힘들다.*

*〈남루해진 공직자들의 혼〉 중에서*

최기춘 수필가는 서기관을 지낸 철저한 행정공무원 출신이다. 행정공무원이 꿈이었고 그 꿈을 실현하기 위해 초지일관 한결같은 삶을 영위했으며 끝내 소망을 성취했다. 또한 이상적인 그 꿈을 고향의 행정현장에 실현하며 공직생활을 성공적으로 마무리한 인물이다.

영혼 없는 공무원들이 각 부처마다 고위직을 차지하고 있는 탓에 우리나라는 정부 부처 모든 분야에서 각종 문제가 불거지고 나라의 미래가 밝아보이지를 않았다. 최기춘의 수필을 읽다보면 긍정의 체적을 느낀다. 자신의 주변이나 세상 이야기가 체험적 혹은 신뢰도 높은 객관적 자료들을 모아 긍정의 체적을 높이고 있기 때문이다.

다양한 영역에 전문 지식을 쌓는 것은 물론 통섭형 궤적을 확장하여 쓰는 수필가이고 보면 최기춘 수필가의 주관 또한 그 층위가 높다 하겠다.

*뿌리에 내려앉은 낙엽들은 뿌리를 감싸고 누워 알몸으로 엄동설한을 외롭게 보내는 나무들에게 바스락거리며 옛날 얘기도 해주며 따뜻한 이불이 되어 준다. 봄이면 새싹을 틔우는 데 필요한 영양을 공급해주기도 한다. 낙엽이 자기의 역할을 다하고 사라져가는 모습을 보며 자연의 오묘한 섭리에 찬사를 보낸다.*

*어린 시절 곱게 물든 단풍잎을 책갈피에 끼워 두었다가 친한 친구 에게 편지를 보내면서 봉투에 넣어 보내기도 하고 창문을 바를 때 창문에 한 장 붙여 놓았던 생각이 난다. 낙엽처럼 살고 싶다. 멋있고 아름다운 무늬를 그리며 살고 싶다.*

*〈은발의 단상〉 중에서*

누구나 직장에서 은퇴를 하여 나이가 들면 할 일이 없고 시간은 남아돌지만 만날 사람이 없다는 것이 노령의 일반적인 문제고, 소외감과 외로움이 가장 무서운 병으로 다가온다. 그래서 노령들은 육체적으로 건강은 물론 정신적으로 더 건강 하여야 한다. 최기춘은 이를 뒷받침 하는 길은 노년기의 계획을 미리 세우고 여가를 즐겨야 한다고 하였다.

우리는 모두 늙는다. 그리고 언젠가는 자기 차례가 오면 죽는다. 그러나 우리가 두려워 할 것은 늙음이나 죽음이 아니라 녹슨 삶이다. 고인물이 썩듯이 변하지 않는 삶은 녹슨다. 삶이 녹슬면 모든 것이 허물어진다. 우리의 삶을 역동적으로 지속시키고 영혼의 색깔을 잃지 않는 것이 바로 희망이요 꿈이라는 것을 깨달았다.

그래서 최기춘은 내일의 나를 그리며 "진정 내가 하고 싶은 일이 무엇인지? 찾아보았다. 그리고 최선을 다 하자" 고 다짐하며 앞으로는 생각하는 삶을 살기로 마음먹었다. 그것이 바로

은발에 수필을 입문 한 것이다.

*늦게나마 다행한 일이다. 임실군 주민들은 그간 지역발전의 걸림돌이 되었던 옥정호가 발전의 디딤돌로 바뀌었으니 크게 환영하는 모습이다. 옥정호는 개발 잠재력이 많은 곳이다. 상수원 보호구역 해제와 더불어 중앙정부와 전라북도는 그간 피해를 당한 임실군민들의 마음을 따뜻하게 어루만져 줄 지원책도 마련해야 한다. 옥정호 주변에 사는 주민들은 깨끗하고 맑은 물이 유지되도록 지속적으로 노력하여 옥정호가 전 국민들로부터 사랑받는 아름다운 호수가 되었으면 좋겠다.*

*〈아름다운 호수 옥정호〉 중에서*

최기춘의 향토애는 도를 넘는다. 아름다운 호수 옥정호, 봄이면 가고 싶은 곳, 옥정호의 명소 양요정, 고향의 봄나물, 봄 마중, 꽃걸음 빛바람 축제, 고향의 들판에서, 농부들의 마음, 허수아비와 허수어미 이들이 모두 고향을 주제로 한 수필들이다.

'옥정호'라는 구체적 지명을 드러냄으로써 강한 향토애를 표현하

고 있다. 수록된 대부분의 작품들이 서정성에 바탕을 두고서 향토와 일상생활을 제재로 하여 정감 넘치는 묘사를 보여주고 있다. 이는 진실을 바탕으로 한 안목에서 작품을 산출하기 때문에 가능한 것이다.

철학용어로 '감성일원론'이라는 말이 있다. 예술은 곧 감성에서 비롯됨으로 예술을 이해하며 즐기는 데도 감성이 필수적이라는 주장이다. '예술을 이해하며 즐기'는 영역은 창조와 감상  즉, 저자와 독자의 감성을 아우르는 말일 것이다. 이처럼 서두부터 저자의 감성을 시비하는 이유는, 그 본바탕이 무구하면서도 숭고해서 저자의 작품을 논하는 데, 이 미질의 감성을 놓칠 수가 없기 때문이다. 따라서 저자의 남다른 감성, 달리 표현하면 '솔잎을 빗는 바람'같은 감성이 최기춘의 작품세계를 구축하여 그 맛과 색깔을 내는 것이다.

*아내의 정원에서 내가 해야 할 역할은 없다. 옆에서 좋은 구경꾼이 되어 준 것만으로도 아내는 만족해한다. 간혹 아내가 오랜 기간 집을 비울 때면 한두 번 물을 주는 역할이 전부다. 오랜 기간 집을 비울 때면 며칠 전부터 물 주는 방법을 꼼꼼하게 알려준다. 화분의 꽃들은 나이가 상당히 많다. 대부분 10년 이상 아내의 숨소리와 심장 뛰는 소리를 들으며 아내의 사랑을 받고 자랐다. 아내가 서울 아들 집에 간 지 일주일이 지났다. 아내의 정원에 물을 주며 하나하나 들여다보니 화분을 선물한 사람들도 생각나고, 화분에서 아내의 정성 어린 손길과 마음을 느낄 수 있었다. 화분의 꽃과 나무들이 아내를 닮아 가는 것 같아 화분마다 더욱 정겹게 느껴졌다.*

*〈아내의 정원〉 중에서*

〈아내의 정원〉에서는 부부애가 담겨 있다. 대부분의 꽃들이 10년 이상 아내의 숨소리와 심장 뛰는 소리를 들으며 아내의 사랑을 받고 자랐다는 부분에서 객관적 상관물인 꽃들이 최기춘 자신이다. 즉 본인이 아내의 숨소리와 심장 뛰는 소리를 들으며 아내의 사랑을 받았다는 것이다.

이 수필의 모티브는 단연 사랑이다. 쉽게 말해서 사랑을 절대가치로 내걸고 합일화하는 작업에 골몰하고 있다. 사랑 그 자체만으로도 인격적으로 훌륭해질 수 있고 도리를 다하며 행복하게 살 수 있다고 정의한다.

> *우리 집 밥상은 항상 정겹고 풍성하다. 이른 봄이면 아내가 고향 선산자락에서 쑥, 취, 두릅, 냉이, 죽순, 고사리, 풍년초, 광대쟁이, 깜밥쟁이 등 어린 시절부터 많이 먹었던 나물들을 뜯어온다. 고향집 텃밭에는 파, 상추, 쑥갓, 부추, 가지, 오이, 고추, 열무, 메밀, 시금치, 등을 심어 찬거리들을 장만한다. 이런 찬거리들은 고향땅에서 고향의 햇살과 비바람을 맞으며 자라서인지 보기만 해도 정겹다. 아내와 나는 식성이 비슷하다. 고기보다는 채식을 좋아한다. 아내는 음식을 만들 때면 항상 정성을 다한다.*
>
> *〈행복한 밥상〉 중에서*

작자는 고향을 그리는 애틋한 사모의 정에서 한 걸음 더 나아가 진정한 자기성찰로의 진입을 시도한다. 이를테면 고향 선산자락에서 쑥, 취, 두릅, 냉이, 죽순, 고사리, 풍년초, 광대쟁이, 깜밥쟁이 등 어린 시절부터 많이 먹었던 나물들을 뜯어온다. 고향집 텃밭에는 파, 상추, 쑥갓, 부추, 가지, 오이, 고추, 열무, 메밀, 시금치, 등을 심어 찬거리들을 장만한다. 발단과 전개의 과정을 거쳐 절정의 단계로 옮아간다는 뜻이다. 이는 성찰의 역설을 통한 부덕한 자신의 소치를 감지하고 끝내는 용기 있는 결단으로 독자의 감응을 유도하기에 이른다.

*동학농민운동을 하다가 억울하게 죽어 시신도 수습하지 못했던 영혼들이 이제야 편히 잠들 수 있게 되어 여간 다행한 일이 아니다. 동학농민운동과 관련된 문제해결을 위해 우리 전라북도와 시 · 군이 힘쓰고 있지만 사실은 중앙정부에서 앞장서야 할 일이다. 정치권에서는 동학농민운동과 관련된 사업들을 중앙부처에서 관심을 갖고 앞장서 추진하도록 노력해야 할 일이려니 싶다.*

*〈떠도는 동학의 혼〉중에서*

최기춘의 문학적 감성은 탄탄하다. 누구하나 기억하지 않고 거의 모두의 뇌리에서 사라진 동학 농민운동의 억울하게 희생자들 시신 이야기를 했다. 수습하지 못했던 영혼들이 이제야 편히 잠들 수 있게 되어 여간 다행한 일이 아니라고 말이다. 이처럼 모진 풍진 아래서도 작가의 등롱 안 촛불처럼 절제된 감성을 지녔다.

그저 한탄조의 하급 감성이 아닌 어디까지나 예술적 감성을 유지한 데는 그 모진 풍상을 질긋질긋 문학으로 승화시키며 살아온 저자의 정신과 근성이 있다. "역사를 알려면 깨어있어야 하고 깨어있는 사람은 역사를 새로 읽는다"는 한승원 선생님 말씀처럼 어제의 역사를 잊지 말고 내일의 역사를 만들어 나가기 위한 최기춘 수필가는 그동안의 내가 살아 온 자리를 잠시 뒤 돌아보게 되었다.

3.

실제로 그동안 나의 삶은 뒤돌아 볼 여유도 없이 앞만 바라보며 살아 온 것이 사실이다. 그러나 그에게 주어진 직업에서 해방되어 자유의 몸이 된 후에는 지나간 과거는 덮어 버리고 새로운 삶을 살고 싶었다. 그래서 이제부터라도 생각하는 삶을 살려고 노력하게 된 것이다. 혼자 다짐도 하여보고 실천도 하여 보았지만 인간이기에 마음대로 안 되는 것이 현실이다.

최기춘의 〈은발의 단상〉은 주관적인 정서를 서정적으로 나타내는 리리시즘(lyricism)의 진수를 보여주는 수필집이다.